ANTONIO TABUCCHI

Geschichten zu Bildern

Herausgegeben von Thea Rimini

Aus dem Italienischen
von Karin Fleischanderl

Carl Hanser Verlag

Die italienische Originalausgabe erschien 2011
unter dem Titel *Racconti con figure*
bei Sellerio editore in Palermo.

1. Auflage 2019

ISBN 978-3-446-25061-1
Umschlag: Peter-Andreas Hassiepen, München
Motiv: This *azulejo*/tile is exclusively produced
by Ratton Cerâmicas from an original work by Paula Rego:
Rosamunda, 2003, Fire, limited edition © Ratton Cerâmicas
Satz im Verlag
Druck und Bindung: CPI books GmbH, Leck
Printed in Germany

Für Elvira Sellerio

Valerio Adami, *Ritratto di Antonio Tabucchi*, 2000

Ich habe mich beim Schreiben oft von Gemälden inspirieren lassen. *Das Umkehrspiel* ist nur deshalb entstanden, weil ich an einem lange zurückliegenden Nachmittag im Jahr 1970 den Prado betreten habe und mich von Velázquez' *Las Meninas* derart fesseln habe lassen, dass ich bis zur Schließung vor dem Bild stehen blieb. Dieselbe Faszination spürte ich als Kind vor den Fresken im Kloster San Marco; als Erwachsener habe ich sie immer wieder betrachtet, bis sich die Faszination eines schönen Tages auf den Seiten von *Die Vögel des Beato Angelico* zu Buche geschlagen hat. Aber auch einige Seiten von *Tristano stirbt* wären ohne Goyas im Sand vergrabenen Hund nicht entstanden.

Wenn die Sinne mitspielen, ist der Weg vom Bild zur Stimme mitunter kurz. Die Netzhaut kommuniziert mit dem Trommelfell und »spricht« zum Ohr des Betrachters; für den Schriftsteller, wie ich einer bin, ist das geschriebene Wort voller Klang: Man hört es zuerst im Kopf. Sehsinn, Gehör, Stimme, Wort. Aber das Fließen erfolgt nicht nur in eine Richtung, es handelt sich vielmehr um eine Art Wechselstrom, der, sobald er angekommen ist, zu seinem Ausgangspunkt zurückkehrt. Und auf dem Rückweg transportiert das Wort Bilder, die es davor nicht gegeben hat: Es hat sie erfunden. Das ist bei vielen dieser Erzählungen der Fall. Das Bild hat das Schreiben zwar angeregt, doch das Schreiben hat das Bild an einen anderen, hypothetischen Ort transportiert, den der Maler nicht gemalt hat. Die vom Sichtbaren angeregte Geschichte hat sich das Sichtbare zu eigen gemacht und stößt in das Terrain vor, das uns der Künstler vorenthalten hat, das er malen oder fotografieren hätte können, jedoch nicht gemalt oder fotografiert hat. »Die Seele stellt sich vor, was sie nicht sieht«, sagt Leopardi. Das Terrain der Literatur ist die über das Bild hinausgehende Vorstellung, die Erzählung, die sich mit den Figuren, aber auch mit ihrer Kehrseite und ihrer Vervielfältigung befasst, die Erzählung über das sie umgebende Unbekannte.

Vor einiger Zeit hatte ich der Verlegerin Elvira Sellerio versprochen, die »Geschichten zu Bildern« in einem Band zu sammeln. Doch im Lauf der Zeit haben andere Gemälde, andere Bilder meinen Blick gefesselt und sind zu Literatur geworden. Beim Schreiben fällt einem nicht auf, dass Schreiben und Zeit sich indirekt proportional zueinander verhalten: Die Seiten werden immer mehr, und die Zeit wird immer weniger. Dieses Buch erscheint erst jetzt. Aber Versprechen haben kein Ablaufdatum.

Antonio Tabucchi,
Lissabon, Januar 2011

ADAGIOS

MIT BESTEN GRÜSSEN

Tullio Pericoli, *Cartolina da Firenze*, 1983

Keine Ahnung, wem er die Ansichtskarten schreiben würde. Er überlegte, ob er nicht lieber eine Liste anlegen sollte, denn möglicherweise vergaß er die Namen, sobald er sich an dem jeweiligen Ort befand. Er nahm ein Blatt Papier vom Schreibtisch, setzte sich hin und notierte Namen und Adressen. Er zündete sich eine Zigarette an. Er schrieb einen Namen, dachte nach, machte einen Zug und schrieb noch einen Namen. Als er fertig war, übertrug er die Namen in einen Kalender und zerriss das Blatt. Er legte den Kalender auf die Hemden in dem geöffneten Koffer. Er blickte sich um, ließ den Blick durch das Zimmer schweifen, überlegte, was er möglicherweise vergessen hatte, die Reise würde nämlich lang sein. Dann erinnerte er sich an die Karten, die er in einer Kunstgalerie gekauft und auf seinem Regal liegen gelassen hatte. Er betrachtete sie einzeln, prüfte, ob sie zu der geplanten Reise passten. Nicht sehr, sagte er zu sich, sie passen nicht sehr gut, warum sollte ich aus Südamerika eine Karte aus den italienischen Marken schicken? Aber dann dachte er, er würde schöne Briefmarken draufkleben, in Peru zum Beispiel würde er Briefmarken mit Papageien kaufen, in diesem Land gab es bestimmt Briefmarken mit Papageien und auch mit dem Antlitz präkolumbianischer Gottheiten, geheimnisvoll lächelnder Masken aus Gold und Emaille, er hatte einmal eine Ausstellung im Palazzo Reale gesehen, gewiss waren diese Objekte auch auf Briefmarken abgebildet. Die Vorstellung belustigte ihn, denn gewöhnlich waren Ansichtskarten für Touristen so hässlich und unecht mit ihren grellen Farben und glichen einander aufs Haar, egal ob aus Mexiko oder Deutschland. Das war doch viel origineller: eine Karte, auf der »Grüße aus Ascoli«

stand, die jedoch aus Oaxaca oder Yucatán oder Chapultepec (hieß das so?) kam – von Orten mit solchen Namen, denn dorthin wollte er reisen.

Wenn Isabel noch gelebt hätte, wäre er mit ihr dorthin gereist. Aber Isabel lebte nicht mehr, sie war schon tot. Fünfzehn Jahre lang hatten sie sich diese Reise ausgemalt, das war ja keine Reise, die man so mir nichts, dir nichts machte, vor allem nicht, wenn man einen Beruf hatte wie sie. Für so eine Reise brauchte man Zeit, Flexibilität und Geld, lauter Dinge, die sie früher nicht gehabt hatten. Jetzt hatte er sie, doch Isabel war nicht mehr da. Er ging zum Schreibtisch, nahm ein Foto von Isabel und legte es in den Koffer, neben den Kalender und die Karten. Auf dem Foto waren sie beide zu sehen, Arm in Arm standen sie auf dem Markusplatz in Venedig, inmitten eines Taubenschwarms, sie lächelten etwas doof, wie immer, wenn man in ein Objektiv starrte. Waren wir glücklich?, dachte er. Und ihm fiel ein Satz ein, den Isabel ihm auf dem Vaporetto zugeflüstert hatte, wobei sie ihm die Hand drückte: »Im Augenblick können wir nicht nach Südamerika fahren, doch wenigstens sind wir in Venedig.«

Flach liegende Fotos sind komisch: Er und Isabel inmitten der Tauben, zur Decke starrend, darunter San Marco. Es irritierte ihn, dass die Augen auf dem Foto zur Decke blickten, deshalb drehte er es um und sagte: »Isabel, ich nehme dich mit, auch du gehst auf diese Reise, wir besuchen viele Orte in Mexiko, Kolumbien, Peru, und wir machen uns einen Spaß daraus, Karten zu schreiben; ich werde für uns beide unterschreiben, ich werde auch deinen Namen daruntersetzen, als würdest du mich begleiten, und du wirst mich auch begleiten, du weißt ja, ich trage dich immer bei mir.«

Er rief sich rasch ins Gedächtnis, was er noch tun musste; die letzten Handgriffe, dachte er ahnungsvoll wie jemand, der wusste, dass er nicht zurückkehren würde. Plötzlich wusste er mit Gewissheit, dass er nicht zurückkehren und die Wohnung nicht mehr betreten würde, in der er fast sein ganzes Leben verbracht und in der er immer den Wunsch gehegt hatte, sich stattdessen an exotischen Orten mit geheimnisvollen Namen wie Yucatán und Oaxaca zu befinden. Er drehte den Gasschalter und den Wasser-Haupthahn ab, schraubte die Sicherungen raus, schloss die Fensterläden. Als er zum Fenster ging, stellte er fest, dass es schrecklich heiß war. Natürlich, heute war der 15. August. Und er dachte, dass er den idealen Tag für die Abreise gewählt hatte, einen Tag, an dem alle Urlaub machten und sich an den Stränden tummelten, alle waren weit weg, alle waren raus aus der Stadt und drängten sich wie die Ameisen, um ein Körnchen Sand zu ergattern.

Es war fast ein Uhr, aber er hatte keinen Hunger. Dabei war er um sieben aufgestanden und hatte nur einen Kaffee getrunken. Sein Zug fuhr erst um halb drei Uhr ab, er hatte noch jede Menge Zeit. Er suchte eine Karte aus dem Stapel aus, auf der »Robinsons Insel« stand, und schrieb auf die Rückseite: *Wir sind in Timultopec, einer kleinen Insel, vor der Robinson Schiffbruch erleiden hätte können, wir sind so glücklich wie noch nie, Euer Taddeo und Eure Isabel.* Er schrieb »Taddeo«, obwohl ihn nie jemand so genannt hatte, doch es war sein Taufname, deshalb ergab es sich wie von selbst. Und dann dachte er darüber nach, wem er diese Karte schicken könnte. Aber dafür war noch Zeit. Und dann nahm er eine andere, auf der Türme zu sehen waren, und schrieb auf die Rückseite: *Das ist die Gebirgskette von Machu Picchu, die Luft hier ist überaus dünn, Taddeo und Isabel.* Dann nahm er eine zur Gänze blaue und schrieb auf die Rückseite: *In diesem Blau leben wir nun, in einem blauen Ozean, einem blauen Himmel, einem blauen Leben.* Dann entdeckte er eine Karte mit einer Kirche, die aussah wie Santa Maria Novella, und schrieb auf die Rückseite: *So sieht das südamerikanische Barock aus, es ist eine Kopie des europäischen Barock, jedoch flüchtiger, verträumter, viele Grüße, Taddeo und Isabel.*

Er überlegte sich, ob es sich auszahlte, ein Taxi zu rufen, oder ob er nicht lieber den Bus nehmen sollte. Der Bahnhof war nur drei Haltestellen entfernt, und an diesem besonderen Tag hätte er wahrscheinlich gute zwanzig Minuten am Telefon warten müssen, bis sich jemand meldete; das war wirklich kein guter Tag, um ein Taxi zu nehmen, kein einziges war unterwegs. Nicht einmal ein Auto war zu sehen, die Stadt war völlig leer. Er machte den Koffer sorgfältig zu, legte ein Taschentuch auf das Foto und die Karten. Er sah sich noch einmal um. Er prüfte, ob die Geldbörse in der Gesäßtasche war, und ging über den Flur zum Haustor. Am Tor stellte er den Koffer einen Augenblick lang auf den Boden und sagte laut: »Auf Wiedersehen, Haus, besser gesagt, adieu.«

Unter dem Dach der Bushaltestelle war die Hitze erträglich, obwohl der schmelzende Asphalt rundherum glänzende Pfützen bildete. Aber es wehte eine ganz leichte Brise, die Erleichterung brachte. Als er vor dem Bahnhof ausstieg, verspürte er jedoch einen Anflug von Übelkeit. Einen ganz kurzen Augenblick lang war ihm schwindelig; zweifellos wegen der Hitze, die von den Steinen abstrahlte, und wegen dem grellen Licht, einem Licht ohne Schatten, denn die Sonne stand im Zenit. Die Zeiger der Bahnhofsuhr standen auf zwei Uhr. Die Halle war menschenleer. Nur ein Schalter war geöffnet, er kaufte sich eine Fahrkarte und sah sich nach einem Zeitungshändler um, doch der Kiosk war geschlossen. Wenigstens war der Koffer leicht. Trotz der langen Reise hatte er nur das unmittelbar Notwendige eingepackt. Den Rest würde er unterwegs kaufen, in den Ländern, die er besichtigte, je nach Notwendigkeit und Bedarf. Er warf einen flüchtigen Blick in den Erste-Klasse-Wartesaal, auch er war menschenleer, er blieb einen Augenblick unschlüssig stehen, doch darin war es unerträglich schwül. Vielleicht ist es in der Unterführung kühler, dachte er, oder unter dem Dach auf dem Gleis, immerhin weht ein leichter Wind. Er ging ganz langsam durch die Unterführung, freute sich darüber, dass der Koffer so leicht war, und ging die Stufen zu Gleis drei hinauf. Der Bahnsteig war völlig leer. Der ganze Bahnhof war leer, kein einziger Reisender war zu sehen. Auf einer Bank saß ein Junge mit einer weißen Jacke und einem Bauchladen mit Eiscreme. Auch der Junge sah ihn und kam ihm langsam entgegen, wobei er seinen Bauchladen zurechtrückte. Als er ganz nah war, fragte er ihn: »Hätten Sie gern ein Eis, mein Herr?« Er antwortete, nein, danke; der Junge nahm die weiße Mütze ab und wischte sich den Schweiß von der Stirn.

»Am besten wäre ich heute gar nicht gekommen«, sagte er.

»Hast du noch nichts verkauft?«

»Drei Cornetti und eine Cassata, den Reisenden im Ein-Uhr-Zug. Doch nach Ihrem Zug fährt keiner mehr, es gibt einen dreistündigen Streik, die Schnellzüge sind allerdings nicht davon betroffen.« Er stellte seinen Bauchladen auf den Boden und holte eine Handvoll Figuren aus seiner Tasche. Er stellte sie an den Rand der Bank und schnippte sie mit den Fingern an. Die, die hinunterpurzelten, hob er auf und legte sie auf einen kleinen Haufen abseits. »Die haben gewonnen«, erklärte er.

»Wie alt bist du?«, fragte der Mann.

»Bald zwölf«, antwortete der Junge, »seit zwei Jahren verkaufe ich nun Eiscreme am Bahnhof, mein Vater hat einen Stand auf der Piazza Santa Caterina.«

»Und das ist nicht genug?«

»Natürlich nicht, mein Herr, wir sind drei Brüder, das Leben heutzutage ist teuer.« Dann wechselte er das Thema und sagte: »Fahren Sie nach Rom?«

Der Mann nickte und ließ ein wenig Zeit verstreichen, bevor er antwortete. »Ich fahre nach Fiumicino«, sagte er, »zum Flughafen Fiumicino.«

Der Junge nahm eine Figur und hielt sie vorsichtig zwischen Zeigefinger und Daumen, wie ein Papierflugzeug, und imitierte dabei mit den Lippen ein Motorengeräusch.

»Wie heißt du?«, fragte der Mann.

»Taddeo. Und Sie?«

»Taddeo.«

»Das ist komisch«, sagte der Junge, »wir haben denselben Namen, dabei gibt es kaum Taddeos, das ist ein sehr seltener Name.«

»Und was machst du später?«

»Wann später?«

»Wenn du erwachsen bist.«

Der Junge dachte einen Augenblick nach. Er hatte einen sehr wachen Blick, man sah, dass seine Phantasie auf Hochtouren lief. »Ich werde viel reisen«, sagte er. »Ich werde in alle Teile der Welt reisen und viele Berufe ausüben, diesen hier und jenen dort, immer auf Achse.«

Die Bahnhofsklingel läutete, und der Junge hob seine Figuren auf. »Der Schnellzug fährt ein«, sagte er, »ich muss mich auf den Verkauf vorbereiten.«

Er hatte noch nicht aufgehört zu sprechen, als der Lautsprecher die Ankunft des Zugs ankündigte. »Gute Reise«, sagte der Junge und ging weg, wobei er sich den Bauchladen umhängte. Er lief zum vorderen Ende des Gleises, offenbar, um entgegen der Fahrtrichtung des Zuges über den Bahnsteig zu gehen und so mehr zu verkaufen. In diesem Augenblick tauchte der Zug aus der Dunstglocke auf, die auf den Häusern am Stadtrand lag. Der Mann nahm seinen Koffer und stand auf.

Es war ein sehr langer Zug mit neuen Waggons, bei denen

man die Fenster auf den Gängen nicht öffnen konnte, deshalb traten ein paar Reisende an die Türen, um Eis zu kaufen. Der Mann stellte zufrieden fest, dass der Junge ein gutes Geschäft machte. Zwei Schaffner, die ausgestiegen waren, warfen einen Blick über den Bahnsteig, dann pfiff einer der beiden, und die Türen gingen zu. Gleich darauf fuhr der Zug ab. Der Mann beobachtete, wie er sich in der vor Hitze wogenden Luft auflöste, setzte sich wieder und öffnete den Koffer. Der Junge kam auf ihn zu und steckte das Kleingeld in die Bauchtasche.

»Sind Sie denn nicht mitgefahren?«

»Wie du siehst, nein.«

»Und Fiumicino?«, fragte der Junge. »Sie werden das Flugzeug verpassen.«

»Ach, es gibt noch andere Flugzeuge«, antwortete der Mann lächelnd. Er nahm den Kartenstoß aus dem Koffer und zeigte sie dem Jungen. »Das sind meine Figuren«, sagte er, »willst du sie dir anschauen?«

Der Junge nahm sie und betrachtete sie der Reihe nach.

»Die von der Insel Elba gefällt mir besonders«, sagte er, »ich war schon dort. Und auch die von Venedig mit den vielen Vögeln.«

»Das sind Tauben«, sagte der Mann, »Venedig ist voller Tauben, es gibt sie in allen möglichen Arten und Farben, sie sehen aus wie peruanische Papageien.«

»Wirklich?«, fragte der Junge, wenig überzeugt. »Oder erzählen Sie mir ein Märchen?«

»Nein, es ist wahr. Und schau dir die an, die gelbe, sie ist aus Ascoli, das ist eine zur Gänze gelbe und sogar etwas goldene Stadt, voller Lichteffekte.«

»Schön«, sagte der Junge überzeugt. Und dann fragte er: »Wie viele sind es?«

»Dreißig.«

»Hören Sie«, sagte der Junge und setzte die Miene von einem auf, der ein Geschäft machen will, »möchten Sie tauschen?«

Der Mann dachte ein wenig nach.

»Gegen meine Figuren«, sagte der Junge, »für die Karte mit den Papageien gebe ich Ihnen zum Beispiel einen Herkules und zwei Formel-1-Ferraris. Außerdem habe ich zehn Schlagersänger.« Der Mann dachte einen Augenblick nach, dann sagte er: »Ach was, ich schenke sie dir, ich brauche sie ohnehin nicht mehr.« Er legte sie auf den Bauchladen mit der Eiscreme, nahm den Koffer und ging zur Unterführung.

Als er hinunterging, rief ihm der Junge nach. »Das ist nicht richtig ...«, schrie er, »aber danke, wirklich danke!«

Der Mann winkte ihm zu. »Alles Gute«, sagte er zu sich.

FLAMMEN

Davide Benati, *Fiamme*, 1988

Gegen Abend kam ein Schüler und sagte mir, ich solle zum Haus des Meisters kommen, also legte ich mir den leichten Umhang über die Schultern, ging in die Nacht hinaus, durchquerte Agrigent und bog in die Gässchen ein, die aufs Land hinausführten. Ich stellte fest, dass ein blutroter Vollmond mit einem gelben Hof am Himmel stand, er sah aus, als würde er brennen; und das Land war fast taghell erleuchtet, es schimmerte rosarot, fast wie Fleisch. Am Haustor befanden sich zwei Fackeln; ich trat ein und hörte leise Stimmen im Atrium, die Diener kamen auf mich zu und verbeugten sich, dann führten sie mich ins Zimmer des Meisters. Es herrschte große Stille, man hörte nur die Zikaden auf dem Land draußen und den heißen Atem der Sommernacht.

Rund um Empedokles' Bett hatten sich die Schüler versammelt, im Halbdunkel erkannte ich ein paar Gefährten, wir grüßten einander mit einem Kopfnicken. Man sagte mir, er sei gerade, nach einer kurzen Phase der Erregung, eingeschlafen; aber es sei eine merkwürdige Erregung gewesen, denn er hatte nur seine Finger bewegt und sie nach oben gestreckt. Und während seine Finger gezittert hatten wie die Fäden eines im Winde bebenden Spinnennetzes, hatte sein Körper sich eine Handbreit über das Bett gehoben und hatte dort schwebend in der Luft verharrt, als wolle er aus dem Fenster hinaus und in die Nacht hinein fliegen. Und dann hatte sich sein Körper wieder ganz langsam auf das Laken gesenkt und war dort unbeweglich liegen geblieben, so unbeweglich, als würde er nicht einmal atmen; doch in dem Körper war noch Atem gewesen, um ihn zu hören, hatte man bloß das Ohr an seinen Mund legen und einen Lufthauch erhaschen müssen, einen fernen Hauch, der tief aus den Eingeweiden kam und Flötenmusik glich. Also näherte ich mich seinem Mund, um sie zu hören, doch das war gar nicht nötig, denn Empedokles' Körperflöte begann zu tönen, und im Zimmer verbreitete sich eine merkwürdige, unbeschreibliche Melodie, eine Art Jubelgesang aus herzzerreißenden Tönen. Dann erstarb der Gesang, und es machte sich wieder Stille breit. Wie um die Pause zu nutzen, kamen die Mägde mit Getränken. Und meine Gefährten sagten mir, es handle sich tatsächlich um eine Pause, denn seit Anbruch des Abends machte Empedokles es so: Er schwebte in der Luft, sang, dann wurde sein Körper so starr, als wäre er in den Winterschlaf gefallen.

Wir tranken, und dann unterhielten wir uns über Gestirne. Und darüber, dass den Lehren des Meisters zufolge das Universum aus dunklen Stellen und Licht bestand, und wir unterhielten uns über die Bewegung der Himmelskörper, die in den weiten Himmelsräumen einen Tanz aufführten, den die Menschen nicht verstanden. Dann erzählte einer der älteren Schüler, was Empedokles mit Luft und mit Wasser angestellt hatte, er erzählte, der Wind habe in der Ebene seit Tagen so heftig geweht, dass das Obst von den Bäumen fiel, und Empedokles habe auf den Hügeln auf Schilf aufgespannte Eselshäute aufstellen lassen, sodass der Wind die Richtung änderte; er erzählte, Menschen in Selinunt seien aufgrund der fauligen Ausdünstungen eines Flusses an einer Seuche gestorben und Empedokles habe zwei Flüsse umgeleitet und so den fauligen Fluss unschädlich gemacht, was die Menschen rettete. Empedokles kannte die Elemente und war mit ihnen vertraut: Vor allem aber kannte er das Feuer, das sowohl Anfang und Ende ist, Leben und Tod, denn wir sind alle aus dem Feuer geboren und kehren in dieses zurück, wir werden verzehrt bei der Verbrennung, die den Weltkreislauf regelt. Dann verstummte der ältere

Schüler, und wir setzten uns auf den Boden rund um das Bett des Meisters.

Die Nacht schritt voran, und wir betrachteten schweigend vom Fenster aus den Himmel, gingen ganz in der Betrachtung des großen Buches auf, in dem, wie der Meister uns gelehrt hatte, das lebensspendende Feuer herrschte. Schließlich tauchte der Mond im Viereck des Fensters auf. Das Gestirn war feuerrot, entflammt vom Sommer. Es stand so tief über dem Horizont, als müsse es sich gleich hinter den Bergen mit der Erde vereinen. Das Mondlicht zeichnete ein Viereck auf das Bett, auf dem der Meister ruhte, und da geschah ein Wunder.

Sein Körper begann zu beben, als ob Wind an ihm rüttelte, die Haut war nicht länger stumpf, sondern leuchtete und wurde schließlich durchsichtig; wir sahen, wie ein Köper im Inneren beschaffen ist, mit allen Organen, Adern, Eingeweiden und Knochen, die das Fleisch zusammenhalten. Empedokles' Mund stand halb offen, und aufs Neue ertönte Gesang, aber es war nicht wirklich ein Gesang und auch keine Klage. Es war vielmehr eine entfernte und ganz klare Stimme, die einerseits wie ein Flüstern und andererseits wie eine aus wenigen Noten bestehende Melodie klang, wie eine Harfe, die den Zauber und das Unaussprechliche zum Ausdruck bringt. Und als der Gesang schrill wurde, begann der Körper zu brennen. Von innen her, als ob die Verbrennung darin sehr langsam abliefe: Wir beobachteten, wie die Adern rot wurden und aufgrund des innewohnenden Feuers zu glühen begannen; dann sahen wir, wie kleine Flammen in der Hülle des Körpers züngelten, überall tauchten zarte Feuerzungen auf, und wir schauten wortlos zu. Dann hob sich der Körper in die Luft und schwebte dort, und eine kleine Flamme züngelte aus dem Mund, und weitere kleine Flämmchen drangen aus Ohren und Nasenlöchern; die glühend rote, in den Adern zirkulierende Lava trat aus und floss über

Muskeln und Fleisch. Obwohl die Fackeln im Haus erloschen waren, war es sehr hell, denn Empedokles verbrannte wie eine riesige stumme Fackel, die Atome seines Körpers zerfielen und flogen wie Aschenfalter aus dem Fenster.

Wir blieben den Rest der Nacht dort, bis das Feuer den Körper völlig verzehrt hatte. Sobald er sich mit dem Feuer des Universums vereint hatte, aus dem alles kommt und in das alles zurückkehrt, schlossen wir die Fensterläden und sprachen die Worte aus, die wir immer mit dem Meister beim Anblick der Gestirne rezitiert hatten. Der blutrote Mond versank hinter den Hügeln und nahm unseren Meister mit, geleitete ihn zu den Gestirnen des Universums, wo die feurigen Körper kreisen, einen exakten und ständig gleichbleibenden Tanz aufführen, den die Menschen nicht verstehen.

REGNERISCHER ABEND
AN EINEM HOLLÄNDISCHEN DEICH

José Barrias, *TEMPO*, 1992

Wie in einem Roman von Simenon, sagte der Mann, der regnerische Abend, die Provinzstädtchen, durch die wir gefahren sind, der holländische Deich, meine Pfeife. Übrigens entschuldige, stört dich der Rauch? Er machte den Motor aus und das Standlicht an.

Die Frau sah ihn lächelnd an. Wie lange rauchst du schon Pfeife?, fragte sie.

Seit dem Infarkt, antwortete der Mann, seit zwanzig Jahren, beim Pfeifenrauchen schluckt man den Rauch nicht, man glaubt, aromatischen Rauch einzuatmen.

Welches Gemälde hat dir am besten gefallen?, fragte sie, eine Eine-Million-Franken-Frage.

Tja, sagte er, eigentlich müsste ich die ganze Ausstellung kritisieren, diese Megaausstellungen gefallen mir nicht, ich fühle mich dort immer ein wenig verloren, als würde man sich überfressen, zwar mit Kaviar, aber trotzdem überfressen.

Warum bist du dann hingefahren?, fragte sie.

Ganz einfach, sagte er, weil ich eine Verabredung hatte.

Hattest du erwartet, dass wir uns dort treffen würden?, fragte sie verwundert.

Der Mann lächelte noch immer. Sicher nicht, sagte er, bei diesem Menschenauflauf und nach so vielen Jahren war das wohl nicht zu erwarten. Ich hatte bloß eine platonische Verabredung, ich wollte der Vergangenheit Ehre erweisen, ich bin einem Maler treu geblieben, den wir beide geliebt haben. Erinnerst du dich an Arles?

Das war achtundfünfzig, sagte sie.

Nein, erwiderte er überzeugt, neunundfünfzig.

Nein, sagte sie sanft, es war achtundfünfzig, neunundfünfzig sind wir nach Saint-Rémy gefahren und haben die Irrenanstalt in Saint-Paul-de-Mausole besichtigt, danach sind wir nach Auvers-sur-Oise gefahren, wo er gestorben ist, in Arles waren wir im November achtundfünfzig.

Der Mann kratzte sich am Kopf und rückte den Krawattenknopf zurecht.

In meiner Erinnerung habe ich die Jahre vertauscht, sagte er, aber wie immer hast du recht.

Ich habe Tagebuch geführt, sagte sie, das ist alles. Doch du hast meine Frage noch nicht beantwortet, welches Gemälde hat dir am besten gefallen?

Ich hätte auch eines führen sollen, sagte er, ohne auf die Frage zu antworten, die Zeitspanne existiert nur noch in meinem Gedächtnis, und das Gedächtnis ist bekanntermaßen voller Lücken, es besteht aus Bruchstücken.

Auch Tagebücher sind voller Lücken, sagte sie, was glaubst du denn? Hin und wieder habe ich versucht, mein Tagebuch zu lesen, um mich an diese Zeit zu erinnern, doch es ist voller Lücken, es sind nur Fetzen, ich habe sogar den Eindruck, dass jemand anderer es geschrieben hat, ich meine, ich und zugleich jemand anderer.

Ich habe Fotos, sagte er. Und dann fuhr er fort: Entschuldige, aber das passt gerade, ich mache ein altes Chanson von Charles Trenet an, es ist wie für die Situation gemacht. Er drückte auf die Taste des Kassettenrekorders und legte eine Kassette ein. Dann zündete er die ausgegangene Pfeife wieder an und öffnete ein klein wenig das Fenster, damit der Rauch entweichen konnte. Mittlerweile schüttete es. Wasser aus allen Richtungen, sagte er, Wasser vom Himmel, Wasser von rechts, Wasser von links, wir sind von Wasser umgeben. *Une photo, vieille photo de ma jeunesse,* sang er zum Text des Trenet-Chansons.

Deine Fotos sind um die Welt gewandert, sagte sie, ich weiß, dass in New York eine große Fotoausstellung stattgefunden hat, du bist im Augenblick der meistgefeierte Fotograf.

Sagen wir, ich war es, sagte er, jetzt ist der Augenblick gekommen, den Jüngeren zu weichen.

Hast du Fotos aus dieser Zeit?

Alle, unsere ganze Provence-Reise. Ich könnte sie kopieren und dir schicken.

Ich weiß nicht so recht, sagte sie, vielleicht lieber nicht, vielleicht schaue ich besser aus der Perspektive der Erinnerung. Ich hätte jedoch gern ein Foto von dir, ein Foto von deinem Gesicht damals.

Es gibt ein Selbstporträt, das ich in einem Hotel in Arles im Spiegel gemacht habe, erinnerst du dich? Erinnerst du dich an das Hotel?

Nicht an den Namen, aber es war in der Rue Lépic, ganz bestimmt in der Rue Lépic.

Warum erinnerst du dich an den Namen der Straße?

Weil auch er in dieser Straße gewohnt und gemalt hat, sagte sie, er hatte ein Atelier an der Ecke der Rue Lépic, und wir sind in einem kleinen Hotel in ebendieser Straße abgestiegen, weil es uns als gutes Omen erschien.

Und war es ein gutes Omen?

Sie tat so, als hätte sie nicht verstanden.

Und war es ein gutes Omen?, wiederholte er lauter.

Natürlich, sagte sie, es war wunderschön, allerdings vergeht die Zeit wie im Flug, das ist schrecklich, findest du nicht?

Was ist schrecklich?, fragte er.

Dass das Leben einfach so vergeht, sagte sie, und dass man erst darüber nachdenkt, wenn es vorbei ist.

Er schwieg einen Augenblick, und dann sagte er: Ich kann mich nicht zwischen *L'eglise d'auvers-sur-Oise* und *La chambre de Vincent à Arles* aus dem Jahr 1888 entscheiden, aber eher das zweite.

Ach, sagte sie nach kurzem Nachdenken, du hast endlich auf meine Frage geantwortet.

Und du, fragte er, welches Gemälde hat dir am besten gefallen?

La sieste, antwortete sie, siehst du es vor dir? Zwei Bauern, ein Mann und eine Frau, sie ruhen sich auf Weizengarben aus. Es ist Mittag, ganz still, in der Ferne sieht man den blauen Himmel, ringsherum die goldenen Garben, man glaubt die Zikaden zirpen zu hören.

Warum ausgerechnet *La sieste?*, fragte er.

Nun, sagte sie, aus sentimentalen Gründen, weil auch wir einmal Siesta gehalten haben, keine Ahnung, ob du dich erinnerst, es war in der Nähe der Brücke von Langlois, in dieser Gegend jedenfalls, wir sind im Auto durchgefahren und haben beschlossen, einen Imbiss zu uns zu nehmen, ich habe Brot und Käse gekauft, und dann sind wir auf einem Strohballen eingeschlafen.

Ich hätte auf die *Tournesols* getippt, sagte er.

Wie bitte?, fragte sie.

Ich wollte sagen, fügte er hinzu, ich dachte, du würdest dich für die *Tournesols* entscheiden.

Es regnete nun stärker. Der Wind verwirbelte den Regen rund um den Lichtkegel der Scheinwerfer.

Weißt du, woran ich bei diesem Regen denke?, sagte sie, ich denke an die Zeit.

In welcher Hinsicht?, fragte er.

Keine Ahnung, sagte sie.

Wenn wir schon über die Zeit reden, sagte er, wie spät ist es?

Sie schaute auf die Uhr. Fast Mitternacht, sagte sie.

Vielleicht sollten wir zurückfahren, sagte er, ich muss früh zu Bett gehen, der Arzt hat es mir empfohlen. Er machte den Motor an und begann zurückzusetzen, um umzudrehen. Das Meer war ruhig, der Regen schien es zu besänftigen.

Ich war noch nie auf einem holländischen Deich, sagte sie, das ist ein merkwürdiges Gefühl.

Wo wohnst du?, fragte er.

In Paris, sagte sie, und du?

In Genf, antwortete er, wegen der Steuern.

Erinnerst du dich an *L'Anguille?*, fragte sie.

Sicher, sagte er, das war ein Restaurant, aber nicht in Arles, wo und wie war es? Hilf meiner Erinnerung auf die Sprünge.

Es befand sich in der Nähe von Sète, sagte sie, der Besitzer hatte als Schiffskoch auf einem Luxuskreuzfahrtschiff gearbeitet, seine Frau war Alkoholikerin, niemand ging hin, obwohl man dort sehr gut aß, wir haben es zufällig entdeckt, du hast die *grenouilles à la provençale* geliebt.

Gehen wir morgen gemeinsam Mittagessen?, fragte er.

Ich reise morgen ab, sagte sie, ich bin nur hergekommen, um die Ausstellung zu sehen.

So viele Dinge, sagte er.

Was meinst du, so viele Dinge?

So viele Dinge eben, sagte er.

Sie nieste und fragte, ob sie die Heizung anmachen dürfe.

BERNARDO SOARES' URLAUB

Giuseppe Modica, *La terrazza di Pessoa*, 1993

Am 24. Dezember 1943 wachte Bernardo Soares früh am Morgen auf und zog seine besten Kleider an. Er nahm die Jacke, die ihm sein Bürochef geschenkt hatte, eine schöne Jacke aus warmem Tweed, den die Firma Vasques aus London importierte, und schlüpfte in ein Paar Schuhe mit makellosen Gamaschen. Er packte sorgfältig einen kleinen Koffer, der offen auf der Kommode stand. Er legte Wäsche hinein, Hemden zum Wechseln, den grauen Pullover, Schnupfentropfen, Hustensaft, Laudanum gegen die Schlaflosigkeit, eine Petroleumlampe, ein Usbekisch-Lehrbuch für die Reise nach Samarkand, von der er ein Leben lang geträumt hatte, und das letzte, schon zur Hälfte vollgeschriebene Heft seines Tagebuchs. Es war Heiligabend, und aus irgendeinem Grund dachte er, dass das vielleicht sein letzter Heiliger Abend sein würde. Im Grunde tat ihm das gar nicht leid, er bedauerte bloß, dass er in seinem Leben nie die goldenen Kuppeln von Samarkand gesehen hatte.

Herr Vasques hatte versprochen, ihm um Punkt neun den Wagen mit dem Chauffeur zu schicken, und obwohl es erst halb neun war, trat Bernardo Soares ans Fenster. Er dachte, er würde die Zeit totschlagen, indem er etwas Nützliches machte und seinem einzigen Freund eine Weihnachtskarte schrieb. Freund war nicht ganz das richtige Wort, er war kaum mehr als ein Bekannter, doch sie hatten ein sehr inniges Verhältnis, sie aßen fast jeden Abend gemeinsam im Zwischengeschoss eines alten Gasthauses in der Baixa und unterhielten sich über Literatur. Bernardo Soares nahm Papier und Füllfeder und schrieb im Stehen, an die Kommode gelehnt:

Lieber Herr Fernando,

dieses Jahr zu Weihnachten werden wir nicht in unserem üblichen Gasthaus zu Abend essen. Ich fahre ein paar Tage, mindestens bis Silvester, nach Cascais in den Urlaub, in ein Haus, das einer italienisch-portugiesischen Import-Export-Firma gehört, der *Modica & Guimaraes Limited,* die hervorragende Beziehungen zu der Firma hat, bei der ich arbeite. Herr Vasques, mein Bürochef, verwahrt die Schlüssel des Hauses, denn die Besitzer wohnen in Paris und verbringen hier nur ein paar Wochen im Sommer. Das Haus wird etwas ungemütlich sein, denn es gibt keine Heizung, und es ist seit vielen Monaten unbewohnt. Außerdem sind die Böden in einem schlechten Zustand, und es gibt keinen Strom. Ich glaube jedoch, ich kann mir mit warmen Kleidern und einer Petroleumlampe behelfen. Wie ich Ihnen bei unserer letzten Begegnung gesagt habe, möchte ich die Morgen- und die Abenddämmerung am Meer beschreiben, ich möchte die verschiedenen Lichtnuancen, die in diesen Augenblicken des Tages entstehen, aus allernächster Nähe beobachten. Das Haus, in dem ich meinen Urlaub verbringen werde, hat offenbar eine schöne Terrasse aufs Meer hinaus, wenn ich dort ein paar Stunden verbringe, wird es mir wohl nicht schwerfallen, mit einer Palette an Worten das Licht der Morgen- und der Abenddämmerung zu beschreiben. Für wen schreibe ich und warum schreibe ich, mein lieber Herr Fernando? Ehrlich gesagt, kann ich Ihnen keine Antwort geben. Gewiss schreibe ich nur für mich, denn ich bin mein einziger Leser, ich habe nicht den Wunsch zu publizieren und habe auch noch nie darüber nachgedacht. Ich schreibe also, um mir selbst die Dinge zu erzählen, an die ich in meinem einsamen Leben denke, so, als wäre ich ein anderer, außerdem schreibe ich, um die Unruhe zu besänftigen, die mich nachts plagt. Ich wünsche

Ihnen ein gesegnetes Weihnachtsfest und alles Gute für das Jahr 1935. Ihr

Bernardo Soares

In diesem Augenblick hupte es, Herr Vasques' Wagen fuhr vor. Bernardo Soares steckte den Brief in die Tasche und nahm sich vor, ihn auf der Reise aufzugeben, schloss schnell den Koffer und ging hinunter. Der Chauffeur von Herrn Vasques erwartete ihn rauchend und an den Wagen gelehnt. Bernardo Soares begrüßte ihn und legte den Koffer in den Kofferraum. Bleiben Sie bitte beim Kohlehändler an der Ecke stehen, sagte er, ich muss etwas abholen.

Der Kohlehändler erwartete ihn an der Tür, er hielt bereits den auf seiner Stange hockenden Sebastião in der Hand. Sebastião war ein alter Papagei, der ein paar Worte sprechen konnte, der Kohlehändler hatte versprochen, ihn ihm ein paar Tage zu leihen, damit er sich bei seinem Urlaub in Cascais nicht allzu einsam fühlte. Bernardo Soares setzte Sebastião auf den Rücksitz, und das Auto fuhr an. Es war ein wunderschöner sonniger Tag und es war überhaupt nicht kalt: gar nicht wie sonst zu Weihnachten. Der Chauffeur kannte alle Fados von Maria Severa auswendig und bat ihn um die Erlaubnis, einen singen zu dürfen, und obwohl Bernardo Soares Fados nicht mochte, gestattete er es ihm. Als sie in Cruz Quebrada ankamen, mussten sie kurz warten, weil ein Kutschpferd unter der Last zusammengebrochen war und quer über der Fahrbahn lag. Der Kutscher versuchte es fluchend zum Aufstehen zu bewegen, doch das arme Tier schien überhaupt keine Lust zu haben, sich wieder zu erheben. Sein Kopf lag auf dem Pflaster und sein Blick war gläsern. Schnitzelfleisch, sagte der Chauffeur, das ist sein Weihnachtsgeschenk. Hinter Cruz Quebrada hörte der Chauffeur endlich zu singen auf, und Bernardo Soares betrachtete die Landschaft und die Lichtnuancen am Horizont. Als sie durch Paço de Arcos fuhren, bat Bernardo Soares den Chauffeur, einen Augenblick vor dem Postamt stehen zu bleiben, stieg rasch aus und gab den Brief auf. Sebastião war auf seiner Stange eingeschlafen und der Ozean war metallisch blau.

Bernardo Soares war noch nie in Cascais gewesen, und als sie durch die Stadt fuhren, betrachtete er durch das Fenster das hübsche Fischerdorf, an dessen Peripherie sich die Villen der reichen Lissaboner befanden. Der Chauffeur war in die Guincho-Straße eingebogen, eine menschenleere Straße oberhalb der Klippen am Ozean. Sie fuhren durch das Eisentor eines einsamen Anwesens inmitten eines Parks, und der Wagen hielt an. Wir sind da, sagte der Chauffeur. Bernardo Soares wollte seinen Augen nicht trauen. Er betrachtete das Haus und zählte zwanzig Fenster. Eine wunderbare Villa, auch wenn die Salzluft und das Schlechtwetter der Fassade zugesetzt hatten. Der Chauffeur holte Sebastião und den Koffer aus dem Wagen, öffnete ihm die Tür und gab ihm die Schlüssel. Schönen Urlaub, Herr Soares, sagte der Chauffeur und fuhr ab.

Bernardo Soares stand allein auf dem Vorplatz, setzte sich auf die Stufen und betrachtete das Meer. Er dachte aufs Neue, dies sei sein letztes Weihnachten, aber er dachte auch, dass ihm das egal war. Dann zog er ein Päckchen *Provisórios* aus der Tasche und rauchte eine Zigarette.

WEIT WEG

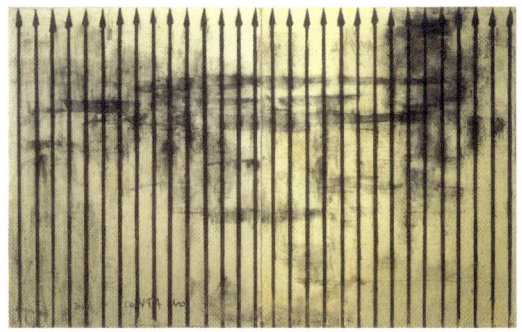

Piero Pizzi Cannella, *Lontano*, 2001

Meine Liebe,

ich bin mir sicher, der Ausdruck eines Gesichts, wenn auch weit entfernt und aus einer fernen Zeit stammend, wird dich zufällig an mein Gesicht erinnern. Meine Liebe, ich habe begonnen, hinter Gitterstäben zu malen. Merkwürdig, wie ein Eisengitter die Zeiten trennen kann, doch das hat mir seinerzeit schon ein Häftling gesagt, als ich ihm in einem Gefängnis auf einer kleinen Insel Malstunden gegeben habe, er büßte eine lebenslange Haftstrafe wegen Mordes ab (in diesem Gefängnis saßen nur Lebenslängliche), lauter Mörder, ich erinnere mich nicht, was für einen Mord er begangen hatte, sicher einen Mord aus Leidenschaft, ich glaube, er hat einen Typen umgebracht, der seine Geliebte belästigte, während er in der Ferne arbeitete, im Norden, wo Autos gebaut wurden und wohin er mit einem Koffer aus Pappe aufgebrochen war. Wahrscheinlich war er einer von Roccos Brüdern, du weißt, was ich damit meine, so sehe ich ihn noch immer vor mir, der Richter hatte ihm erlaubt, Zeichenstunden zu nehmen, das kommt dir wohl merkwürdig vor, das Ministerium hatte mich vorgeschlagen, und ich hatte begeistert zugesagt, es war ja nicht gerade das höchste der Gefühle, als Zeichenlehrer im Gymnasium eines kleinen Dorfes in der toskanischen Maremma zu arbeiten, wie ich es tat, und es versprach ein Abenteuer zu werden. Am Sonntag bestieg ich das Schiff, mit dem die Verwandten der Häftlinge auf die Insel fuhren, wir kamen ungefähr um neun Uhr morgens an, mein »Unterricht« dauerte von elf bis dreizehn Uhr, der Arme verzichtete deswegen auf das Mittagessen, und dann konnte ich nach Belieben bis sieben Uhr abends auf der Insel herumlaufen, da legte das letzte Schiff ab. Es war Mai, keine Ahnung, in welchem Jahr, ich war fast noch ein Junge, und wenn ich zum Unterricht ins Gefängnis fuhr, zog ich Sakko und Krawatte an, ich dachte, das würde mir beim Gefängnisdirektor und bei den Wächtern mehr Autorität verleihen, doch kaum war ich aus dem Gefängnis draußen, lief ich zu den Klippen am anderen Ende der Insel, vor den Felsen befanden sich Sanddünen mit niedrigen Wildpflanzen, Myrten und anderen Kräutern, deren Namen ich nicht kannte, sie verströmten einen intensiven Duft, du kannst dir gar nicht vorstellen, wie intensiv, oder vielleicht doch, du kennst diese Insel ja auch, oder vielleicht auch nicht, ich erinnere mich nicht, ob du jemals dort warst, jedenfalls zog ich Krawatte und Sakko zwischen den Büschen aus, ich zog mich nackt aus, die Felsen waren glühend heiß, allerdings flach, ich musste aufpassen, nicht auszurutschen, und auch auf die Seeigel musste ich achtgeben, sie waren sehr zahlreich.

Ich hatte mich daran gewöhnt, ein Schweizermesser dabeizuhaben, so ein bauchiges, rotes Ding, das alle möglichen Werkzeuge hatte: zwei Klingen, einen Nagelknipser, eine Feile, kleine Scheren und sogar einen Korkenzieher. Ach, ein Schweizermesser ist doch etwas Wunderbares! Wer hat es wohl erfunden? Der Erfinder hätte einen Preis als Wohltäter der Menschheit verdient, denn wenn man ein Schweizermesser bei sich hat, fühlt man sich frei. Meiner Meinung nach hat es ein Anarchist erfunden, einer von denen, die *Lugano bella* geschrieben haben, oder einer von den anderen, hier aus der Gegend, in deren Lied es heißt, man müsse die Alpen niederreißen, um das Meer zu sehen. Die Berge niederreißen, was für eine schöne Utopie! Am Abend auf den Felsen gehörte der Horizont mir allein. Manchmal fuhr ich am Abend nicht mit dem Schiff zurück, ich hatte ein Stück Brot bei mir und eine Salami, die ich in der Osteria gegenüber dem Gefängnis gekauft hatte, der Wirt war ein Hüne, der im Winter auch Schweine schlachtete, er tötete seine Schweine, verwurstete sie und verkaufte sie mit einem eigenen Gütesiegel – einem selbstgemachten Stempel, einem weißrotgrünen Stern in einem Kreis mit folgender Abkürzung: STCdM. Was bedeutet das?, fragte ich ihn eines Morgens, nachdem ich meine Schüchternheit überwunden hatte. *Siamo tutti Carne da Macello* – wir sind alle Schlachtfleisch –, das bedeutet die Abkürzung, antwortete er, und deshalb sind wir alle gleich.

Zu Brot und Salami kaufte ich mir eine Flasche Rotwein, Rotwein von der Insel, aber nicht der Wirt, sondern sein Schwager produzierte ihn, eine Flasche ohne Etikett, mit einem teergetränkten Korken verschlossen, deshalb brauchte man ein Schweizermesser mit Korkenzieher. Was für ein seltsamer Wein, ich werde mich bis an mein Lebensende an ihn erinnern, beinahe süß, doch nicht wirklich süß, meiner Meinung nach stammte er von Reben, die im Volksmund als »amerikanisch« bezeichnet werden, mit denen man Marmelade macht. Er schmeckte nach Most, hatte nur einen niedrigen Alkoholgehalt, doch nach ein paar Schlucken war man berauscht, man fühlte sich leicht und glücklich, als ob man etwas erreicht hätte, was einem von den Naturgesetzen für gewöhnlich verwehrt wird. So, wie ich mich jetzt fühle, wenn ich dich durch dieses Gitter betrachte: oder, besser gesagt, wenn ich dich sehe, ohne dich zu sehen, allerdings »weiß«, dass du da bist, dass du einer dieser Schatten bist.

Ich fürchte, jetzt habe ich den Faden verloren, hab bitte Geduld. Ich habe dir von diesem Häftling erzählt, dem ich gewissermaßen den Umgang mit Farben beigebracht habe. Allerdings konnte er mit Farben besser umgehen als ich, du kannst dir gar nicht vorstellen, was für Meereslandschaften er mit Pastellkreiden zeichnete, immer dasselbe Motiv, immer dasselbe, offenbar dasselbe Bild, ein wenig wie Morandi, der auch immer dieselben Flaschen gemalt hat, allerdings in unterschiedlichen Arrangements und unterschiedlichen Farben, er verrückte eine grüne Flasche, die links gestanden hatte, und schon war sie blau, und er hatte recht, also fragte ich den angehenden Maler: Was ist dieser schwarze Punkt, der sich in dem rosa Bild links neben dem Horizont befindet, in dem gelben hingegen oben und in dem blauen rechts von der Linie des Horizonts und den man auf dem kobaltblauen Bild fast gar nicht sieht? Er befindet sich ganz hinten, es sieht aus, als wolle er aus dem Bild ausbrechen. Er sah mich an wie einen armen, bemitleidenswerten Teufel. Das ist das Jetzt, antwortete er. Dieser kleine Punkt ist das Jetzt?, fragte ich. Er sah mich wieder mitleidig an. Das Jetzt ist nur ein kleiner schwarzer Punkt, mein Herr, sagte er, haben Sie das noch nicht bemerkt?

Also habe ich mich hinter das Jetzt gesetzt, und von hier aus sehe ich dich an. Und ich habe mir gesagt, ich könne deiner am besten habhaft werden, wenn ich das Jetzt male, in dem du dich gerade befindest. Dafür ist Malerei vonnöten, meine Liebe, denn auf einem Foto bekommt man diesen Punkt nicht zu fassen, deshalb stehen auf Digitalfotos rechts unten immer Uhrzeit und Datum, das ist natürlich eine Regel, die nichts mit dem zu tun hat, was außerhalb des Fotoapparats ist, sondern nur mit dem in seinem Inneren.

Wenn wir den Eindruck haben, jemand sei ganz nah, er in Wirklichkeit jedoch weit weg ist, sagt man, es handle sich um eine optische Täuschung. Aber das gilt nicht für uns, denn zwischen mir und dir liegt nur eine dumme zeitliche Täuschung, die sich als optische ausgibt. Ein Maler wie ich lässt sich allerdings nicht von einer einfachen optischen Illusion täuschen, als ob er nicht wüsste, dass alles nur eine Frage der Perspektive ist. Schau, meine Liebe, diesseits der Gitterstäbe liegt zweitausendeins. Ich weiß sehr gut, dass du dich im Jahr neunundachtzig befindest. Du hast dich in diesem schönen Park auf eine Bank gesetzt und dich nicht aus dem Jahr neunundachtzig wegbewegt. Ich bitte dich, dich nicht in den Augen der anderen zu verlieren, denn hin und wieder, in einer fernen Zeit, wird dich etwas in den Augen eines anderen an meine Augen erinnern, aber lass dich bitte nicht von deiner Gegenwart ablenken, es handelt sich um kleine Missverständnisse, kleine Streiche, die uns die dumme Zeit spielt, sobald wir ihr Glauben schenken. Ich habe meinen Arm bereits zwischen die Gitterstäbe gesteckt, siehst du ihn?, ich winke dir zu, ich bin's, entweder kommst du in mein Jetzt und schlüpfst zwischen zwei Stäben durch, oder ich kehre ins Jahr neunundachtzig zurück, und wir wiederholen alles, was wir zwischen fünfundsechzig und neunundachtzig gemacht haben, warum nicht? Die Wiederholung hilft dabei, die Dinge besser zu verstehen, wie lange brauche ich deiner Meinung nach, dieses Gitter zu löschen, das ich bis jetzt gezeichnet habe, dann wird es zu einem tatsächlichen Gitter. Los, setzt du dich in Bewegung oder ich?

DER MALER UND
SEINE GESCHÖPFE

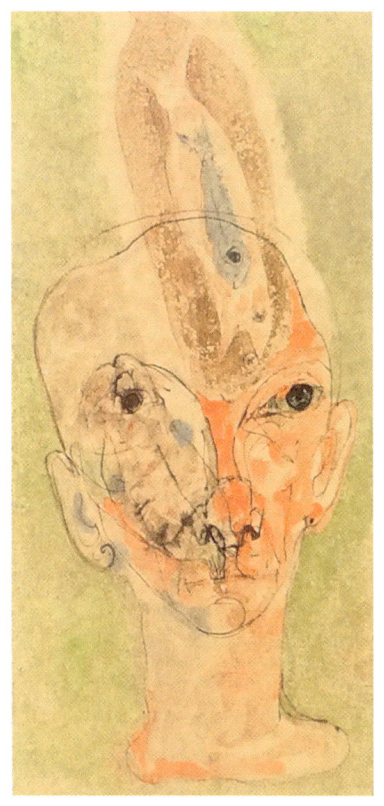

Giancarlo Savino, *Ohne Titel* (Detail), 1993

Der Maler ist allein, völlig allein in seinem alten Haus. Er hat nicht einmal eine Katze, denn er möchte allein sein. Es ist Nacht, und die Stadt schläft. Durch das Fenster sieht man die vom Regen beschlagenen Laternen. Der Maler hat eine Begegnung mit seinen Geschöpfen vorbereitet. Er hat ein paar Flaschen Wein und Gläser auf den Tisch gestellt. Er weiß nicht, welche Geschöpfe heute Nacht kommen werden, wer auf die Beschwörung antworten wird. Der Maler nimmt seine Blätter und legt sie auf den Tisch wie Servietten. Dann stellt er seine Aquarellfarben auf den Tisch und mischt sie in zahlreichen Schälchen, wie magische Speisen.

Vor allem rührt er Blau, Grün und Altrosa an. Aus einem Blau hat er viele Blau gemacht: Nachtblau, elektrisches Blau, Himmelblau und Türkis. Dann bereitet er milchiges Rosa mit einem Hauch von Himmelblau zu. Vor allem Blau, denn er weiß, die Geschöpfe, die ihn heimsuchen werden, sind Wesen der Nacht und kommen aus Sternenräumen. Der Maler macht einen Lampenschirm an, trinkt ein Glas Wein, prostet den Wesen zu, die ihn heimsuchen werden. Und derweil wird es immer tiefere Nacht, man hört die Schritte einiger spärlicher Passanten auf dem Pflaster. Doch es ist eine mediterrane Nacht mit Regen und Schirokko. Und wir befinden uns in einer mediterranen Stadt, obwohl der Maler auch Nordeuropa besucht hat: schneebedeckte Ebenen und Holzhäuser, gefrorene Flüsse und Deiche am Ozean. Und von diesen Orten hat er malerische Eindrücke mitgenommen, Bilder aus weißen, perfekten Museen, wo die Menschen auf Fußspitzen gehen und milchiges Licht durch die Fenster dringt. Von diesen Orten hat er einen Expressionismus mit gespenstischen Figuren mitgenommen, die sich im mediterranen Licht aufgelöst und die Gestalt von Lemuren angenommen haben, von freundlichen Gespenstern, von heiteren und beängstigenden Figuren, die zum Teil lächeln und zum Teil geheimnisvoll grimassieren. Der Maler hebt also das Glas und sagt: Kommt, ihr Wesen, die ihr mich heimsuchen wollt. Dann nimmt er Bleistift und Pinsel und stellt sich vor einem weißen Blatt auf.

Und da ist auch schon das erste Wesen. Es steckt in einer Art durchsichtigem Ei, wie ein Fötus von einem anderen Planeten. Es kommt aus einer fernen Galaxie, es hat viele Lichtjahre gebraucht, um hierher, in diese heiße, mediterrane Stadt, zu gelangen, wo Lichter in einem Golf leuchten, der gebogen ist wie die Mondsichel. Diese Gestalt ist warm und durchscheinend, sie hat zwei sehr schwarze Augen und einen fragenden Blick, der auf den Maler und das leere Esszimmer gerichtet ist. Es ist von dem Nachtblau seiner kosmischen Räume umgeben, wo die Materie innehält und Schwarze Löcher beginnen. Es versteht unsere Sprache nicht, doch der Maler kann seine, keine Ahnung, woher, und ist imstande, mit ihm zu sprechen. Früher einmal war ich ein Mensch wie du, sagt das Wesen, ich habe in dieser Stadt, in diesem Haus gewohnt, aber das war vor vielen Jahren, es ist so lange her, dass du dich gar nicht erinnern kannst. Und dann bin ich gegangen, so wie alle Menschen gehen, ich bin aus diesen Mauern und aus diesem Leben verschwunden, ich habe andere, ferne und geheime Orte erreicht und lang in einem Vakuum aus Gefühlen gelebt, ich habe nichts mehr gefühlt, nichts mehr empfunden, bis du mich geweckt und hierhergeführt hast.

Der Maler lächelt und lässt mithilfe von zwei Tropfen Wein das Antlitz des Wesens zerfließen. Ich proste auf deine Durchsichtigkeit, sagt er. Dann legt er das Blatt auf das Tischtuch und taucht den Pinsel in rosa Farbe.

Es ist ein schmutziges Altrosa mit einem Hauch von Ziegel-rot, denn das Wesen, das kommen sollte, hat sich eben gehäu-tet und eine neue Gestalt angenommen. Eine Larve, die zum Schmetterling wird, mit langen, fadenförmigen Beinchen und Ärmchen: Seine Beine sind schon die eines Schmetterlings, doch sein Rumpf ist noch der eines Menschen, vielleicht einer Frau, das ist nicht genau zu sehen. Vielleicht einer Mann-Frau. Beides gleichzeitig, denn es ist ein im Wandel begriffenes We-sen, man sieht die herkömmlichen, seinen Genen eingeschrie-benen männlichen und weiblichen Merkmale. Es ist eine Frau, eine schöne Frau mit weiblicher Schönheit, die sich in einen Mann verwandelt. Und das ist sehr schwierig: Das Gegenteil ist üblich und fast langweilig. Der Maler bittet das Wesen, Platz zu nehmen, und prostet auf seine Gesundheit. Und dann widmet er sich den Schälchen mit der Farbe Blau. Und mit dem Blau kommen die Clowns. Besser gesagt, es sind keine Clowns, sie haben nur die Formen von Clowns. Und auch sie kommen von weit her. Von sehr weit her. Sie hüpfen, machen Kunststücke, ringeln sich ein, winden sich wie Raupen. Und dabei betrach-ten sie die Welt. Die Welt, die nur aus diesem Zimmer besteht. Und der Maler sagt: Macht euch keine Sorgen, wir werden die Nacht gemeinsam verbringen, und gemeinsam werden wir den Sonnenaufgang im Golf betrachten.

Er legt die clownsartigen Figuren auf die Servietten und prostet ihnen noch einmal zu. Jetzt dreht er ihnen leicht den Kopf, aber er ist nicht betrunken, nur zufrieden. Von einem fer-nen Kampanile hört man die Glocke fünfmal schlagen. Morgen-grauen. Der Maler reißt die Fenster auf und betrachtet den Golf. Er ist wunderschön, blauer Nebel legt sich auf die Laternen, die angesichts der größer werdenden Helligkeit ausgehen.

Meine Geschöpfe, ich verabschiede mich von euch!, ruft der Maler aus. Und sammelt seine Aquarellfarben ein. Die Wesen liegen alle in einer Reihe auf den Tischtüchern. Und die Geschöpfe, die an die Nacht gewöhnt sind und den Tag nicht kennen, sehen ihn abwesend an. Ich werde euch auf den Seiten eines Buches einsperren, sagt der Maler, dort werdet ihr ruhiger sein. Er schließt die Fenster, macht die Lampe aus und legt sich ins Bett. Ein schöner Schlaf ohne Träume; er hat schon genug geträumt.

EIN FENSTER
ZUM UNBEKANNTEN

Alessandro Tofanelli, *Presto o tardi*, 2008

Warum war er hier eingezogen? Er wusste es nicht. Oder besser gesagt, er wusste es. Wegen der Landschaft, die seine Unruhe besänftigen würde: große Räume, Felder, Stille, altmodische Häuser aus der Zeit, als Häuser noch Häuser waren und nicht nur Menschen beherbergten, sondern auch Werkzeuge, alles, was für das tägliche Leben notwendig war.

Eines Tages war jedoch sein Freund, der Architekt, gekommen, ein tüchtiger Architekt, der in den großen Städten arbeitete, wo riesige, wunderschöne Gebäude aus Glas und Stahl errichtet wurden, und hatte zu ihm gesagt: »Diese Wand versperrt dir die Sicht auf die Landschaft, du musst ein Fenster hineinschlagen, es wird aussehen wie ein Gemälde, aber wie ein natürliches Gemälde, ein Rahmen für die Natur, denn man muss die Natur durch die Fenster hereinlassen, man darf sie nicht mit einer Mauer aussperren.« Mit einer ausladenden Geste zeichnete er ein imaginäres Fenster auf die Küchenwand, wo sich Regale für Salz, Pfeffer und Öl befanden und Pfannen an einem Nagel hingen, und fuhr fort: »Weg mit dem alten Zeug, verwahr es im Backtrog oder in der Anrichte. Unterhalb des Fensters bringe ich ein Wandbrett aus Marmor an, darauf stellst du eine Schale, zwei Äpfel oder zwei Orangen, wie auf einem Altar in einer Kirche auf dem Land, ein bescheidenes Stillleben, das gut zur majestätischen Bescheidenheit der Landschaft passt.« Und er hatte gewagt zu erwidern: »Nein, keinen Marmor, bitte keinen Marmor in diesem Haus.«

»Einverstanden«, hatte der Architekt geantwortet, »ich mache ein Wandbrett aus Gips und bemale es, damit es aussieht wie falscher Marmor und man gut sehen kann, dass es schlichter Gips wie in einem Bauernhaus ist, ein Marmorimitat. Und ich bringe weder Fensterläden noch Rollläden an, das Fenster ist ja nordseitig, und obwohl die Sonne hier sehr stark ist, knallt sie nicht direkt auf den Tisch, aber du kannst die Abenddämmerung beobachten, denn im Sommer, wenn es Nacht wird und die Hitze vergeht, wird der Himmel hier kobaltblau, die Wipfel der Bäume leuchten in einem außergewöhnlichen Grün, ist dir schon aufgefallen, was für ein merkwürdiges Grün die Bäume annehmen? Grün ist eine zusammengesetzte Farbe, sie besteht aus Gelb und Blau, die Blätter verlieren die Komponente Blau, und es bleibt das Gelb übrig, in dem die ersten Schatten schwarze Punkte bilden, wie auf Landkarten unbekannter Länder. Das Beste wäre, wenn man dieses Fenster offen ließe, sodass Luft und Wind hereinkommen, als ob Innen und Außen ständig die Plätze wechselten. Und während du ein Glas Wein trinkst, das Abendessen zubereitest und dabei Musik hörst, ich weiß nämlich, dass du beim Zubereiten des Abendessens Musik hörst, hast du nicht mehr eine Wand vor dir, sondern eine Öffnung, die dir den Blick auf deine Umgebung erlaubt. Das wäre ideal, allerdings haben selbst die kühnsten Ideen der Architektur eine Grenze, denn auch hier wird es Winter, und dann würde es hereinregnen, und der Wind würde hereinkommen, und um das zu verhindern, schlage ich vor, eine nicht einmal zwei Zentimeter dicke Plexiglaswand anzubringen, heute gibt es Plexiglaswände, die so gut wie unsichtbar sind, ich schwöre dir, manchmal wirst du dich versucht fühlen, die Hand in die kühle Abendluft hinauszustrecken. Übrigens, welche Musik hörst du, während du ein Glas Wein trinkst und Spaghetti kochst, bevor du dich an die Nachtarbeit machst und deine Gedanken auf dem weißen Papier zu Worten werden?«

»Je nachdem«, sagte er, »für gewöhnlich Mozart, aber auch Chet Baker, vor allem die Songs, bei denen er heiser flüstert, das besänftigt meine Unruhe, es wirkt wie ein Schlaflied und beruhigt mich, nicht zuletzt, weil er die Worte derart in die Länge zieht, dass ich sie nicht verstehe, sie klingen wie ein uraltes Wiegenlied, dann setzt ganz leise die Trompete ein und trägt einen fort.«

Der Abend senkte sich herab, der Himmel war kobaltblau geworden, die Bäume färbten sich gelb, als ob ganz plötzlich das Grün von den Blättern abgefallen wäre. Aus den Ackerlingen, die er auf einem Baumstumpf gefunden hatte, bereitete er sich eine Spaghettisauce zu, mit einer Prise Geißblatt und Pecorino aus der Gegend, dann legte er eine Platte von Chet Baker auf, hob den Blick und sah das Haus hinter dem seinen. Es sei verlassen, hatte ihm der Besitzer gesagt, früher einmal hatte hier eine Bauernfamilie gewohnt, die zur Zeit der großen Po-Überschwemmungen aus der Gegend von Polesine gekommen war, aber sie waren schon seit Jahren tot.

Die Fenster im oberen Stockwerk waren beleuchtet, ein größeres und ein kleineres, wohl ein Mansardenfenster. Auf der Fassade war ein exaktes Licht-Dreieck zu sehen, wie projiziert, denn Lampe war keine zu sehen. Und an der Ecke des Hauses lehnte ein Rad an der Wand, es sah aus wie das Hinterrad eines Fahrrads, doch dafür war es zu groß. Und dann glaubte er einen Schatten zu sehen, der um die Ecke schlüpfte und im Dunkel verschwand, er war sich jedoch nicht ganz sicher, vielleicht hatte ihm die Phantasie einen Streich gespielt. Jetzt trat er ans Fenster und streckte instinktiv die Hand hinaus, wie um jemandem zu winken, der gar nicht da war, oder um die Luft draußen zu berühren. Doch seine Hand stieß gegen das Plexiglas. Er legte die Handfläche daran und zog sie sofort wieder zurück. Auf dem Plexiglas blieb einen Augenblick lang der Schweißabdruck. Er machte die Musik aus und lauschte. Er dachte, wie merkwürdig es war, dass man die umgebende Realität, vor allem die sichtbare Wirklichkeit, betrachtete, als wäre sie in Griffweite, und dass das, was ganz nah zu sein schien, manchmal weiter weg war, als man dachte. Er dachte auch, dass er seinen Freund, den Architekten, anrufen wollte, doch gewisse Dinge kann man am Telefon nicht sagen, man sollte sie lieber schreiben, sonst wirkten sie sinnlos. Lieber ein Kärtchen. Du hast mir ein Fenster zum Unbekannten geöffnet, würde er ihm schreiben. Allerdings erst morgen.

ERZÄHLUNG DES MENSCHEN
AUS PAPIER

Antonio Seguí, *Ohne Titel (Historias de París)*, 1980

1.

Was werde ich mal sein, ein Sternenemigrant?

Ich habe mich in Bewegung gesetzt. Sie sehen mich. Ich habe
mich angezogen wie ein normaler Mensch. In der Hand habe
ich eine normale Tasche. Ich habe mich als normaler Mensch
verkleidet. Ich gehe inmitten der Menge. Eins-zwei-drei, los,
marsch, mit dem rechten Fuß vorne, der rechte Arm begleitet
die Bewegung des rechten Fußes. Eins-zwei-drei, das linke
Bein folgt dem rechten, der linke Arm begleitet die Bewegung
des linken Beins. Ich mische mich unter die Menge. Ich suche
jemanden, der mir zuhört. Hört mir jemand zu? Hallo, sage
ich zu euch allen, wollt ihr mir zuhören? Ich bin der Zeuge,
wollt ihr mir zuhören?

2.

Die Stadt gleicht jetzt einer Karte meiner Demütigungen und mei-
nes Scheiterns:

Ich bin der Zeuge. Aber ich frage euch, was ist ein Zeuge? Er ist
ein Ektoplasma, das der Luft ähnelt, der Sturm besteht aus der
Substanz der Luft, der Klang der Stimme verschwindet in der
Luft und verwandelt sich in der Luft in Wolke, Nebel, nichts.
Auch ich möchte einen Zeugen. Heute ist ein windiger Tag.
Meine Krawatte flattert im Wind wie eine Fahne. Es ist die Fah-

ne meiner Heimat. Mein Körper ist meine Heimat. Die Fahne meines Körpers weht im Wind der Geschichte. Ach, die Geschichte, was für eine merkwürdige Dame. Sie hat mir gesagt, sie trüge keine Verantwortung, sie sei an nichts schuld, verantwortlich sei einzig und allein ihre Cousine Klio, diejenige, die für Erinnerung zuständig ist. Komm auf einen Tee zu uns, hat sie zu mir gesagt, wir haben ausgezeichnete Kekse. Das Haus der Frau Geschichte ist weit weg, aber ich bin es gewohnt zu laufen. Ich bin den ganzen Tag gelaufen. Es war ein windiger Tag. Meine Krawatte flatterte im Wind. Was für ein Wind war das bloß? In Frankreich weht der Mistral und hin und wieder die Tramontana. In Buenos Aires bläst der Wind für gewöhnlich vom Meer her. Aber das war der Wind der Geschichte. Ich gehe also so vor mich hin, finde jedoch nicht das Haus der Frau Geschichte. Vielleicht existiert es gar nicht? Ich habe bei der Auskunft angerufen. Der Tonfall des Herrn dort war sehr besorgt. Warum ich die Geschichte sprechen wolle, fragte er mich. Ich müsse ihr erzählen, was meinen Nachbarn zugestoßen sei, erklärte ich, sie seien ganz ruhig in der kühlen Abendluft auf der Veranda gesessen, als es plötzlich an der Tür klopfte. Zwei Herren in Uniform fragten: Sehen Sie das da, wissen Sie, was das ist? Sicher, antwortete mein Nachbar, das ist eine Pistole. Bravo, erraten, sagten die beiden Herren, es ist wirklich eine Pistole, eine Pistole verleiht Autorität, also sind wir Autoritätspersonen, also folgen Sie uns, freiwillig oder nicht, ist uns völlig egal, denn Sie sind kein Bürger, Sie sind anonym, sie sind Menge, und Sie werden in der Menge untergehen wie nichts, wie eine kleine Wolke an einem Himmel voller Wolken. Und was wird aus meinem Körper?, fragte mein Nachbar. Mach dir keine Sorgen um deinen Körper, denke lieber an deine Seele, denk an deine Heimat, antworteten sie. Aber mein Körper ist meine Seele, und meine Heimat ist mein Körper, sagte mein Nachbar. Die beiden begannen wie verrückt zu lachen. Hör dir den an, sagten sie und schlugen einander mit der Hand auf den Rücken, der war gut. Dem ist nach Scherzen zumute, und sie schoben ihn mit Gewalt ins Auto. Seine Frau habe ich nie wieder gesehen. Die letzte Erinnerung, die ich an ihn habe, ist seine Stimme, die schrie, während das Auto in der Nacht davonfuhr: Mein Körper!

3.

Nichts hat sich verändert. Mit Ausnahme vielleicht der Sitten, der Zeremonien, der Tänze. Die Geste der Hände, die man schützend auf den Kopf legt, ist jedoch gleichgeblieben.

Diese Geschichte wolle ich der Frau Geschichte erzählen, sagte ich zur Auskunft. Und eine sachliche Stimme antwortete aus dem Hörer: Reden Sie ruhig weiter.

4.

Der Körper windet sich, bäumt sich auf und befreit sich, entkräftet fällt er zu Boden, zieht die Knie an, verfärbt sich blau, bläht sich auf, blutiger Schaum steht ihm vor dem Mund.

Verstehen Sie? Merkwürdig, bei der Auskunft hat man mich offenbar nicht verstanden. Als ob ein Körper unverständlich sei. Ich saß in der Patsche. Wie soll man einen Körper erklären? Ich sagte: Eine Nase, haben Sie denn keine Nase? Einen Kopf, haben Sie denn keinen Kopf? Augen, haben Sie denn keine Augen? Und einen Mund und Arme und Hände und Füße und Eier, aus all diesen Dingen besteht ein Körper, mein lieber Herr von der Auskunft, verstehen Sie? Aber die sachliche Stimme aus dem Telefonhörer sagte zu mir: Erklären Sie mir das genauer.

5.

Nichts hat sich verändert. Außer dem Lauf der Flüsse, der Linie der Wälder, der Küste, der Wüsten und Gletscher. Zwischen diesen Landschaften irrt die Seele umher, verschwindet, kehrt zurück, nähert sich, entfernt sich, sich selbst fremd, ungreifbar, mal ist sie sich der eigenen Existenz sicher, mal zweifelt sie daran, während der Körper da ist, da ist, da ist und keine Ruhe findet.

Ich brüllte beinahe, doch die freundliche Stimme aus dem Telefonhörer sagte: Bleiben Sie ruhig, regen Sie sich nicht auf, sagen Sie uns, wo Sie sind, wir kommen und helfen Ihnen. Ich ließ den Telefonhörer in der Zelle baumeln und machte mich wieder auf den Weg. Stellen Sie sich vor, ich habe viele Menschen getroffen. Eines Tages begegnete ich einer Frau. Sie lag nackt auf einem Sofa und hatte Narben. Sie sagte zu mir: Komm, mein Freund, paare dich mit mir, das Unglück wird den Rhythmus unseres Geschlechtsverkehrs vorgeben. Eines Tages begegnete ich einem Hund. Denn Hunde gibt es auch, und sie verlangen ihr Recht auf ihr Dasein als Hund, das ist ihre Staatsbürgerschaft, ihre Heimat. Dann begegnete ich einem Elefanten. Es war sehr heiß, die Sonne brannte unbarmherzig vom Himmel. Wie Charlie Chaplin am Ende seiner Filme marschierten wir in Richtung einer strahlenden Zukunft. Ich bitte dich, sagte der Elefant zu mir, lass mich durch einen Triumphbogen gehen, ich habe bereits meinen Kreis gezogen und will ihn bald betreten. Wir gingen lange, denn es war unmöglich, den Bogen mit Triumph in Verbindung zu bringen, der Bogen war sehr nah, und der Triumph war weit entfernt. Vielleicht ist es immer so im Leben. Wir setzten uns auf eine Bank und hielten die Füße unter die Fontäne eines Springbrunnens, um uns zu erfrischen, da kam ein als Bischof verkleideter Typ daher, mit einem schwarzen Ledermantel wie von der Gestapo. Er öffnete den Mantel und zeigte die Pistole unter seiner Achsel. Dann holte er einen Ausweis hervor, auf dem stand: Friedrich Lefebvre. In Argentinien würde ich Federico heißen, in Frankreich Frédéric, fügte er hinzu, aber es ist ein Codename, ich bin ein privater Fallschirmjäger, ich arbeite für die Kirche der Diffamierung, ich verwandle Gold in Scheiße, ich weiß alles über dich, ich weiß alles über alle: Hände hoch. Der armselige Tropf glaubte, alles zu wissen, er war ein Perversling, der sich am Abend (aber das erfuhren wir erst später) mit dem Griff einer Lederpeitsche sodomisierte. Aber er konnte die Sprache der Elefanten nicht. Was soll ich tun?, flüsterte mir der Elefant mit dem Rüssel ins Ohr. Schlag fest zu, sagte ich, entweder er oder wir, es geht um Leben oder Tod. Der Elefant schlug fest zu. Wenn man sich von den elenden Tröpfen befreien will, die für Geheimorganisationen arbeiten, gibt es nichts Besseres als einen festen Schlag mit dem Rüssel.

6.

Du arbeitest für den Wind, der aufwirbelt und zerstreut. Das Leben – ein schreckliches Urteil.

Aber ich bin ein Mensch aus Fleisch und Blut. Nur Helden sind aus Eisen. Menschen aus Eisen zerquetschen Menschen aus Fleisch und Blut. In Argentinien kommen sie nachts. Sie fahren mit Ford Falcons ohne Kennzeichen und ausgeschalteten Scheinwerfern durch die Viertel. Und die Menschen aus Fleisch und Blut finden keine Ruhe. Wo ist der italienische Botschafter? Nicht da, er ist zum Abendessen gegangen. Wo ist der apostolische Nuntius? Nicht da, er spielt mit dem putschenden General Tennis. Riesenfaschisten mit der Hostie im Mund. Und der Mensch aus Fleisch und Blut, der unter der Eisenpresse zermalmt wird, wird zu einem Menschen aus Papier. Ich bin ein Mensch aus Papier. Um der Welt zu entkommen, bin ich zu Papier geworden, doch ich habe die Welt im Papier eingesperrt, um davon zu erzählen.

7.

Wenn du die Schlange nicht beschwörst, wird sie dich beißen. Aber was hat der Schlangenbeschwörer davon?

Es geht darum, den Schlangenbeschwörer zu beschwören. Ich habe jemanden gesucht, der den Schlangenbeschwörer beschwört. Ich habe ihn gefunden, ich habe eine Hand gefunden, eine menschliche Hand, Daumen, Zeigefinger, Mittelfinger, sie halten einen Bleistift oder eine Füllfeder. Die menschliche Hand, die ich gefunden habe, beschwört den Schlangenbeschwörer, der die Schlange beschwört.

8.

Erkennst du mich, Luft, du, voll noch einst meiniger Orte?

Wir fielen aus den Flugzeugen. Nachtflug. Davor jedoch eine kleine Spritze, weswegen du glaubst, zwischen den Wolken zu schweben. Wir sind ein Telefonbuch mit ungültigen Nummern geworden. Alles nur Papier. Die Welt besteht aus Papier. Jemand hat gesagt, die Welt endet in einem Buch.

9.

Niemand kann ein Buch schreiben. Damit ein Buch wirklich existiert, braucht es die Morgen- und die Abendröte, Jahrhunderte, Waffen und das Meer, das eint und trennt.

Der Wind wehte stark, die Wellen drohten mich zu verschlucken, doch ich hoffte, dass mich Hände ergreifen würden. Welche Hände? Ich erinnere mich an die Lehre der Prinzessin Bibesco, die mir die Ordensschwestern nahegebracht hatten, sie hatten mir das Buch über den Okzident zu lesen gegeben. Das Einzige, was ich tun konnte, war, *Bateau sur l'eau* zu singen: *la rivière, la rivière, la rivière au bord de l'eau*. Bei diesem stolzen Kinderreim begann mein kleines Papierschiffchen ohne Flasche loszuschwimmen, kein Glas schützte mich, los, los, wohin? In Richtung des Unbekannten. Das Problem war jetzt ein anderes. Es ging nicht mehr um Sein und Nicht-Sein. Darauf pfiffen der Ozean und auch der Okzident. Das Problem lautete vielmehr: sein oder scheinen? Sein oder verschwinden? Ich gebe zu, ich war nicht elegant, ich war nicht imstande, die Handschuhe einer Pariser Handschuhmacherin anzuziehen, wie es die Prinzessin Bibesco lehrt. Und ich suchte keine behandschuhten Hände. Ich suchte nackte Hände aus Fleisch, die mich als Menschen aus Fleisch und Blut akzeptierten und zu mir sagten: Bleib, das ist dein Bild, das dir ähnelt.

10.

Von der Mühe erschöpft, wissen wir nicht, wohin wir gehen sollen,
fremd in unseren Städten.

Aber es wird doch Hände geben, eine einzige Hand, ein einziges
Auge, einen einzigen Finger. Gibt es auf der Erde noch ein einziges Auge, einen einzigen Finger? Wir sind ja viele Milliarden,
statistisch gesehen ist es möglich. Die Hoffnung ist eine statistische Größe. Vielleicht auch der Glaube und die Barmherzigkeit. Ach, die Kunst. Die Kunst, die zu nichts gut ist und die uns
rettet! Die Kunst, die im Parlament nichts zu suchen hat, weil
sie nicht verabschiedet wird, du flüchtest in die Menge, vermischst dich mit der Menge, bist die Menge. Wir sind alle Menge. Es wird doch zwei Hände und einen einzigen Finger geben,
die aus der Menge ein Individuum bilden können? Ein Individuum, das die Menge repräsentiert? Die ganze Menge, das, was
wir sind, die ganze Menschheit? Aber die auf ein Individuum
reduzierte Menschheit ist etwas Lächerliches, flötet die Stimme im Telefonhörer. Einverstanden, ich akzeptiere das Lächerliche. Ich werde euch unterhalten, ich spiele den Clown. Einen
Clown, der der dritten Kategorie angehört. Nicht den lustigen
Clown und nicht den traurigen Clown, wie es dem binären System entspräche, dem zufolge die Welt binär eingeteilt wird. Ein
normaler Clown. Das wundert euch? Habt ihr euch das nie
überlegt? Nun, ich bin ein normaler Clown. Ich brauchte Hände, die mich veranlassen, mich zu bewegen, zu gehen, durch
den Raum, die Zeit und die Erinnerungen zu navigieren. Das ist
die Normalität: Raum, Zeit, Erinnerung.

Das Einzige, was es nicht gibt, ist das Vergessen.

Alles andere gibt es, alles andere ist darstellbar. Das Leben ist vergänglich, du bewegst dich durch das Leben, und es vergeht. Der Tod vergeht, er ergreift dich und vergeht. Die Städte vergehen, du bewegst dich durch sie, und sie vergehen. Und auch du vergehst, du kannst nicht von dir erzählen, weil du flüchtig bist. Aber die Hand bewegt sich über das Papier, führt den Bleistift oder die Füllfeder, das Leben ist vergangen, aber sein Bild bleibt. Die Musik ist abgespielt, die Klänge sind in der Luft verschwunden. Aber die Partitur bleibt. Sie ist hier, vor euch. Seht ihr sie? Sie besteht aus präzisen, lesbaren, entzifferbaren Linien: Sie wartet darauf, gespielt zu werden. Spielt sie. Ein jeder spiele sie mit seinen Instrumenten. Haben Sie ein Violoncello, das Sie mit sich herumtragen wie eine liebe Gattin? Haben Sie eine Flöte, mit der Sie zur Schule gegangen sind? Haben Sie einen Dudelsack, den Sie sich umhängen, so wie man ein Kind trägt? Spielen Sie die Partitur auf Ihre Art und Weise, spielen Sie die Musik, wie es Ihnen beliebt. Haben Sie eine Okarina? Ziehen Sie sie aus der Tasche. Sie haben kein Instrument? Versuchen Sie zu pfeifen. Sie können nicht pfeifen? Dann trällern Sie vor sich hin, treten Sie auf den großen Platz dieser schönen Stadt hinaus, mit der Partitur, die Sie gesehen haben, in den Augen, und verwandeln Sie diese Bilder in einen Klang, der nur Ihnen gehört. Verwandeln Sie sie auf dem Heimweg zu Ihrer Musik, tun Sie es, auch wenn Sie falsch singen, machen Sie es, *den innigen Gaben zuliebe, die ich nicht aufzähle, für die Musik, die geheimnisvolle Form der Zeit. Der Tag dringt in die Nacht ein. Er ist nicht verflogen.*

TRÄUMEN MIT DACOSTA

António Dacosta, *A caça ao anjo*, 1984

Das letzte Mal habe ich António Dacosta im Traum auf den Azoren gesehen. Er träumte, und ich besuchte ihn in seinem Traum. Darf ich in Ihren Traum eintreten, Meister?, fragte ich. Er hob die Leinwand, die er gerade bemalte, und antwortete: Bitte, betreten Sie ruhig mein Bild.

Ich betrat es nachts. Es war eine für die Azoren typische, blaugrüne Nacht. Mitten über der Landschaft stand der Mond, und der Mond trug das Antlitz eines jungen Mannes. Ich erkannte *A flor, a máscara e eu adolescente*. Der junge Mann hatte die Augen geschlossen, wie im Schlaf, und unter ihm befand sich eine Blume aus Blut. Zu seiner Rechten, wie eine Laterne in der Nacht, betrachtete mich eine antike Maske aus weit aufgerissenen Augen. Ich wanderte durch diesen Traum und verspürte ein merkwürdiges Unbehagen. Der Traum war durchzogen von Nostalgie und einem merkwürdigen Zauber, wie ein unsichtbarer Fetisch.

Ich bin unruhig, Dacosta, sagte ich, Ihr Traum beunruhigt mich, können Sie mir das wenigstens erklären?

Auch ich bin unruhig, antwortete Dacosta.

Warum?, fragte ich.

Weil die portugiesische Nonne und der Ritter der Beiden Zitronen da sind, die miteinander eine Reise machen mussten und einander dann schreckliche Briefe geschrieben haben.

Verstehe ich nicht, sagte ich.

Ich kann es Ihnen nicht besser erklären, antwortete Dacosta, aber es gab einen Briefwechsel zwischen der portugiesischen Nonne und dem Ritter der Beiden Zitronen, als er sie zum letzten Mal nachts besuchte, köderte er sie mit Versprechen. Es war eine leidenschaftliche Nacht, und es war eine schöne portugiesische Leidenschaft, wie nur Camilo Castelo Branco sie beschreiben hätte können, dann galoppierte der Ritter davon, reiste durch ganz Spanien und schrieb ihr einen Brief aus der Provence. Offenbar machte er dort mit einer anderen Frau Urlaub.

Unglaublich, sagte ich, und die portugiesische Nonne?

Dacosta machte einen Schritt nach vorn. Entschuldigen Sie, wenn wir nun in einen anderen Traum gehen, aber ich möchte sie Ihnen zumindest aus der Ferne zeigen.

Nach wenigen Schritten veränderte sich die Landschaft. Jetzt standen wir am Fenster einer Klosterzelle, und hinter dem Gitter sah man eine Nonne. Es war *La religieuse portugaise*. Sie trug einen weißen Schleier und hielt den Blick gesenkt. Zum Zeichen der Trauer hatte sie ihr Gesicht mit Tonerde beschmiert, wie man es in der Antike zu tun pflegte, und weinte still vor sich hin, während sie den Brief ihres Liebhabers las. Ich ertrug ihren Anblick nicht, er erschien mir wie ein perverser Albtraum, und außerdem war zu viel Melancholie in diesem Antlitz, eine rührende und ansteckende Saudade.

Entschuldigen Sie, Dacosta, sagte ich, aber ich muss diesen Traum verlassen, die portugiesische Nonne macht mir Angst, ich glaube, sie wird eine Verzweiflungstat begehen, während ihr Geliebter den Sommer auf einem Strand in der Provence genießt.

Nur Geduld, erwiderte Dacosta, wir müssen noch ihr Herz besichtigen, wir müssen ihrem Begehren auf den Grund gehen.

Er nahm mich an der Hand und sagte: Drei Schritte sind genug, einer, um das *Coração* zu besichtigen, ein zweiter, um *A árvore dos corações* zu sehen, und dann noch ein dritter, um *Três corações à moda do Minho* zu sehen.

Ich machte drei Schritte, folgte ihm und befand mich im Herzen der portugiesischen Nonne. Es waren Herzen so dunkel wie die Nacht, voller Finsternis und Geheimnis. Früchten gleich hingen sie an einem Baum, doch sie waren so düster wie die Sünde. Ich begann zu zittern und sagte: Dacosta, ich bitte Sie, verlassen wir diesen Traum, die Herzen der portugiesischen Nonne verursachen mir Herzschmerzen, ich ertrage keine düsteren Herzen, Sie sind sehr mutig, woher nehmen Sie diesen Mut?

Keine Ahnung, antwortete Dacosta, vielleicht, weil ich viele Jahre über Träume nachgedacht habe, vielleicht, weil ich viele Jahre lang nur über düstere Herzen nachgedacht habe.

Und was haben Sie in all diesen Jahren gemacht?, fragte ich, entschuldigen Sie die indiskrete Frage, aber ich würde gern wissen, was Sie gemacht haben.

Ich habe nachgedacht, antwortete Dacosta, nur nachgedacht, ich hatte Visionen, es ist schwierig, jahrelang den eigenen Gedanken und Visionen zu widerstehen, aber es ist mir gelungen.

Wie dem auch sei, sagte ich, ich ertrage diese düsteren Herzen nicht, wie gesagt, sie verursachen mir Herzschmerzen, ich bitte Sie, bringen Sie mich an einen heitereren Ort, bringen Sie mich bitte auf eine Ihrer Inseln, träumen wir einen anderen Traum.

Dacosta nahm mich an der Hand und sagte: Das ist einfach, *Açorina* ist nur ein paar Schritte entfernt, das ist ein Traum in vier Teilen, vielleicht können wir dort zum Abendessen bleiben.

Auf einem Strand blieben wir stehen. Das ist der Strand einer meiner Inseln, sagte Dacosta, schauen Sie, wie schön.

Krebse und Muscheln lagen auf dem feinen, goldenen Sand, und dazwischen himmelblaue Konkretionen, die von einem anderen Planeten zu stammen schienen. Am Strand war eine weiß bemalte Holzbaracke, auf der Tür stand: Restaurant. Wir gingen hinein, und Dacosta begrüßte den Wirt. Es war ein merkwürdiger Wirt, mit zwei blauen Flügeln und roten Haaren. Das ist meine *Caça ao anjo*, sagte Dacosta, so heißt dieses Restaurant, und das ist mein Schutzengel, der Engel, der sich um meinen Magen und meine Seele kümmert.

Der Wirt machte eine Verbeugung, schlug mit den Flügeln und fragte mich: Gefallen Ihnen Engel mit roten Haaren?

Sie gefallen mir, antwortete ich, bisher habe ich noch keine kennengelernt, aber hier auf den Azoren gibt es sehr merkwürdige Wesen, kommen Sie vielleicht von einem anderen Planeten?

Ich komme vom Saturn, antwortete der Engel, alle glauben, wir auf dem Saturn seien saturnisch und melancholisch, stattdessen haben wir blaue Flügel und rote Haare, aber der Saturn ist nicht so, wie Sie ihn sich vorstellen, sondern so, wie Dacosta von ihm träumt. Dann ging er in die Küche und sagte: Ich bereite euch was Schönes, etwas Ozeanisches, zu, ich bin mit meinen blauen Flügeln lange durch den Ozean des Weltraums geflogen.

Dacosta sah mich lächelnd an und entkorkte eine Flasche *vinho de cheiro*. Vielleicht möchten Sie mehr darüber erfahren, sagte er, vielleicht möchten Sie etwas über meinen Saturn erfahren.

Ich sagte, das würde ich gern. Dacosta füllte mein Weinglas und sagte: Ich denke seit Jahren an meinen Saturn, an meine Vorstellung von Saturn, aber es handelt sich nicht um den Planeten, sondern um den Gott, der für die Geburt der Götter zuständig ist, dieser Saturn hat mich jahrelang verfolgt, während ich über meine Träume nachdachte, ich trug ihn im Herzen und in der Seele bei mir, denn ich hörte seine Stimme, und sie sagte zu mir, eines Tages würde die Geburt der Götter in mir explodieren und das würde ein glücklicher Tag sein.

Und was haben Sie Ihrem Saturn geantwortet?, fragte ich.

Ich habe geschwiegen, antwortete Dacosta, und gewartet. Und dann sind die Götter eines Tages zur Welt gekommen, so etwas passiert meistens im Frühjahr, doch bei mir passierte es im Herbst. Allmählich fühlte ich mich unwohl, meine Seele schwoll an, wie das Meer bei Tag-und-Nacht-Gleiche anschwillt, ich legte mich ins Bett, trank einen Tee und wartete auf die Entbindung. Irgendwann stand ich auf, ging zur Staffelei, nahm Pinsel und Farben, zog zwei Linien, allerdings gebogene Linien wie das Wasser aus Fontänen, denn ich verstand, das war meine Geometrie. Und die Götter kamen von allein, ich malte und war glücklich. Ich malte verschiedene Bilder, in einer schwierig zu beschreibenden Ekstase. Das war der triumphale Tag meines Lebens, so einen werde ich nie wieder erleben.

Der Engel kam mit einem großen Tablett an unseren Tisch. Darauf lag eine ungewöhnliche und großartige Speise. Ich fragte den Engel, was das war. Eine Speise, wie man sie früher hier zubereitete, auf der versunkenen Inseln Atlantis, ich habe sie heute für euch gekocht.

Während wir aßen, bat Dacosta um Wasser, doch er fügte hinzu, er wolle nur Wasser aus der Quelle von Sintra, aus dem Brunnen im Hof des Restaurants mit seinen zwei kühlen Strahlen. Die Sache erschien mir merkwürdig. Ich hielt es für merkwürdig, dass es hier, auf einer der Inseln der Azoren, eine *Fonte de Sintra* geben sollte.

Möchten Sie eine Grotte sehen?, fragte mich Dacosta, ich kenne hier in Sintra eine Grotte, in der zwei Sirenen leben.

Mit der Hand schob er ein Gebüsch beiseite, und ich sah *Duas sereias à boca de uma gruta*. Zwei rosafarbene junge Mädchen umarmten einander und küssten sich zärtlich auf den Mund. Ihre beiden sich umschlingenden Fischschwänze bildeten beinahe ein pflanzliches Kissen. Die Sirenen machten uns ein Zeichen, hereinzukommen. Drinnen standen ein Tisch aus

Muscheln und ein Sofa aus Algen. Wir setzten uns, und die beiden Sirenen erzählten, sie seien an diesem Tag in Praia das Maças gewesen und hätten den Nachmittag am Strand verbracht. Wir waren *Duas sereias ao sol na praia,* sagten sie gleichzeitig, und aus den Äpfeln aus Praia das Maças haben wir einen Likör gemacht, einen Likör, der Träume befördert und einen ins Reich des Deliriums versetzt, genau das braucht ihr heute Abend.

Sie boten uns zwei Gläser mit bernsteinfarbenem Likör an, und kaum hatte ich ihn getrunken, verspürte ich eine große Melancholie. Ich befand mich nämlich in einem *Paisagem da Terceira,* und es war gleichzeitig Morgen, Mittag und Abend. Ich begann zu schwitzen und dachte: Das ist eine Halluzination, ich befinde mich in einem meiner Romane. Ich suchte Dacosta, sah ihn jedoch nicht sofort, und das verstärkte meine Angst. Ich ging ein wenig herum, um Dacosta zu finden, dann sah ich eine Mauer, die die Landschaft in zwei unterschiedliche Landschaften teilte, und hörte die Stimme Dacostas. Das ist meine *Melancolia,* sagte er, ich verstecke mich hinter der Melancholie, von hier aus spreche ich, versteckt hinter meiner Melancholie.

Mitten auf der Mauer, die die Landschaft entzweiteilte, befand sich ein Stromschalter, oder vielleicht war es auch ein verlorener Jackenknopf, wer weiß. Links davon im Vordergrund war eine schlafende Katze, und in der Ferne sah man die Mauer eines Schlosses und eine Frau mit einem Kind auf dem Arm. Rechts davon war eine Landschaft voller Ruinen, vielleicht eine alte Mühle, eine Ansicht der Azoren, ich hätte es nicht sagen können. Dacosta sprang von der Mauer herunter, die die Landschaft entzweiteilte. Ich bin rittlings auf der Mauer gesessen, sagte er, ich bin auf meiner Melancholie geritten.

In welcher Zeit befinden wir uns?, fragte ich.

Wir sind mitten im Jahr neunzehnhundertzweiundvierzig, antwortete Dacosta, der Zweite Weltkrieg ist noch nicht zu Ende, ich lebe auf den Azoren, weit weg von Europa, und aus der Ferne höre ich das Echo der Gemetzel. Ich bin ein junger Maler, ich verbringe die Tage, indem ich über meine Insel wandere und male, die Distanz und der Krieg machen mich melancholisch.

Und was lesen Sie, Dacosta?, fragte ich.

Ach, antwortete er, vor allem Bergson und Kafka. Bei Bergson macht mich die Zeit melancholisch und bei Kafka das Absurde. Und so habe ich diesen Traum gemalt, mit meiner Mutter in der Ferne, die mich auf dem Arm hält, und mit meiner Katze, meiner Melancholie-Katze, die mich das ganze Leben lang verfolgt. Und davor ist da auch noch eine metaphysische Melancholie, fuhr er fort, das ist mein Traum über das Denken, sehen Sie, das ist *O filósofo*. Er zeigte mir eine klassische Büste mit freigelegtem Hirn, daneben an einem Nagel hing ein Schlüssel. Er lächelte. Dieser Schlüssel, sagte er, ist der Schlüssel des Verständnisses. Mein Philosoph hat die Wissenschaft verstanden, hat die Kunst verstanden, hat Gott verstanden. Aber es ist ihm nicht gelungen, das Leben zu verstehen. Deshalb hat er den Schlüssel an den Nagel gehängt und so heftig nachzudenken begonnen, dass sein Hirn immer größer geworden ist, den Schädel gesprengt hat und an die Oberfläche getreten ist. Wie Sie sehen, denkt es jetzt nach, es ist in den Schlaf des Nachdenkens vertieft, seine Augen sind weit aufgerissen, doch es betrachtet die Wahrheit.

Stören wir es nicht, sagte ich, lassen wir es lieber in Frieden, ich würde gern einen anderen Traum besichtigen, ich bitte Sie, führen Sie mich in einen Ihrer exakten Träume.

Dacosta blinzelte mir zu und sagte: Sie brauchen etwas Musik, ich habe Ihnen für das Ende Musik vorbereitet, eine *Serenata açoriana,* aber es ist nicht wirklich eine Serenade, es ist eine für die Azoren typische Musik, sie heißt *Sapeteira*, eine sehr melancholische Szene, eines meiner ersten düsteren Herzen.

Dacosta machte einen Schritt, und ich folgte ihm. Ich stand vor einer nackten, im Todeskampf liegenden Frau. Ihr Körper war, vielleicht aufgrund der Leidenschaft, flammend rot, und am Hals trug sie eine Kette. Ein junger Mann mit spöttischem Gesicht reichte ihr einen toten Vogel, vielleicht eine Möwe, keine Ahnung. Es war eine Nacht ohne Mondlicht, doch die Landschaft war hell und klar. Man sah eine Frau, die durch eine Bucht schwamm, und auf der anderen Seite im Hintergrund befand sich ein Haus. Ich erkannte augenblicklich das Haus. Es war das Haus der Frau von Porto Pim. Dann sind wir also in Faial, dachte ich, und die Frau, die durch das Meer schwamm, war die Frau von Porto Pim, die zu ihrem Walfänger ging. Ich spürte einen Schauer und sagte: Dacosta, ich bin verwirrt, entschuldigen Sie, aber ich habe die Frau von Porto Pim erkannt, was macht sie in Ihrem Traum?

Dacosta deutete ein mitleidiges Lächeln an. Mein lieber Freund, sagte er, Sie sind Anfang der Achtzigerjahre auf die Azoren gekommen und glauben, eine Geschichte entdeckt zu haben. Doch ich kannte diese Geschichte schon längst. Ich habe die Frau von Porto Pim kennengelernt, es Ihnen jedoch nie gesagt. Erinnern Sie sich an dieses Abendessen bei Helmut und Alice in Colares, Sie haben mir diese Geschichte erzählt und mir Ihr Buch geschenkt, aber Sie sind naiv, entschuldigen Sie, wenn ich Ihnen das in aller Freundschaft sage, doch ich kannte alle diese Geschichten bereits, ich schätze Ihren Enthusiasmus und Ihre Naivität, deshalb bin ich Ihr Freund geworden.

Dennoch, antwortete ich, dennoch hat Ihre Serenade die portugiesischen Surrealisten damals sehr beeindruckt, die enthusiastischen und großherzigen jungen Männer, die damals in Portugal surrealistische Kunst machten, machten sie zu ihrem Manifest, was hatten sie von Ihrem Traum verstanden?

Dacosta wurde nachdenklich. Keine Ahnung, antwortete er,

vielleicht mochten sie die Magie oder das Gefühl der Nieder-
lage. Es waren junge Männer, die bereits auf dem Sprung waren,
doch sie haben sehr gekämpft, sie wollten das Leben ändern,
doch die Zeiten damals waren zu schwierig für jemanden, der
das Leben ändern wollte. Nicht einmal die Literatur schafft es,
das Leben zu ändern.

Wo ist dann das Leben?, fragte ich.

Ach, sagte Dacosta, das Leben ist immer woanders, wie der
französische Dichter sagte. Aber jetzt sind wir am Ende meines
Traums angelangt, es ist Zeit, dass Sie in Ihre eigenen Träume
zurückkehren. Er drückte meine Hand, und ich erwiderte den
Gruß. Adieu, Dacosta, sagte ich, ich hoffe, wir sehen uns in einem anderen Traum wieder.

Das hoffe ich auch, sagte Dacosta und ging weg. Ich sah ihm
zu, wie er am Horizont verschwand. Die Landschaft wurde un-
durchdringlich, ein Schleier senkte sich auf die Szene.

Auf die nächsten Azoren, schrie ich. Er drehte sich um und
winkte mir mit der Hand. In diesem Augenblick begann die
Stimme Caterina Buenos zu singen: »Ich hatte ein grau melier-
tes Pferdchen, es zählte die Schritte des Mondes ...«

AUF DER MÖBIUSSTRASSE

Lisa Santos Silva, *La religieuse portugaise*, 1999

Sie fordern uns auf, unsere Personalien anzugeben. Das sei obligatorisch, sagen sie, sonst darf man die Grenze nicht überschreiten; hier bei uns muss man identifiziert werden können. Wir Menschen wollen alles identifzieren und registrieren, sagen sie zu uns, wir haben sehr große Archive, tut uns leid, ich bitte Sie, diesen Fragenbogen auszufüllen und die Dokumente vorzulegen, kurz und gut, sich auszuweisen, das ist die Idee dahinter, keine Ahnung, wie das in Ihrer Sprache heißt.

Schon gut, schon gut, Herr Mensch, hin und wieder haben wir nur ein einziges Ohr und manchmal auch gar keines, je nachdem, aber ich schwöre, nicht aus böser Absicht, wir verstehen einander sehr gut, doch unsere Natur vergisst hin und wieder ein Detail, vielleicht können Sie das nicht so recht verstehen, unsere Natur ist nicht so normativ wie die Ihre, sie tut ihr Bestes, man muss sie verstehen, immerhin macht sie ihren Job schon viel länger als die Ihre, glauben Sie mir, seit Abermillionen. Wie sagen Sie, Jahren? Nein, wir messen nicht in dieser Einheit, ich sagte Abermillionen, vielleicht hat sie sich gelangweilt, ich meine, auch die Natur kann sich langweilen, im Universum herrscht eine gewisse Monotonie, ja, vielleicht ist unsere Natur von dieser Monotonie erfasst worden, und außerdem muss man noch eine andere Tatsache berücksichtigen, ich verstehe, dass ihr uns als Ausnahmen einordnet, ihr reiht uns unter die Ausnahmen ein, aber schauen Sie, bei uns wäre das unmöglich, denn bei uns gibt es keine Regeln, sondern nur die Ausnahme, die jedoch keine allgemeine Ausnahme ist, was bei euch wiederum eine Regel wäre: Es gibt nur individuelle Ausnahmen, jeder ist für sich eine Ausnahme, und euren Kriterien zufolge würde eine derartige Natur nicht auf Vollkommenheit, sondern auf Annäherung basieren. Aber auch ich kann Ihnen eine Frage stellen: Sind Sie sicher, dass ihr auf Vollkommenheit basiert? Sind fünf Finger weniger vollkommen als sechs? Sind fünf Finger vollkommener als drei?

Aber wie Sie sehen, haben wir uns bemüht, euch zu ähneln. Ich werde nicht so weit gehen und sagen, wir haben uns bemüht, so auszusehen wie ihr, das könnte arrogant oder wie eine ungebührliche Aneignung wirken, was bei euch als schweres Vergehen gilt. Und außerdem wissen wir sehr gut, dass bei euch jeder, der so sein möchte wie ihr, als möglicher Rivale gilt, der euch unter Umständen euren Platz wegschnappt, aber ich schwöre, diese Absicht haben wir nicht, ich spreche im Namen aller meiner Gefährten: Es handelt sich vielmehr um eine ausdrückliche und loyale Imitation. Wir sind nicht wie eure Götter, die sich euch – als sie in eure Mitte hinabgestiegen sind – anverwandelt haben, und zwar immer, in allen Epochen, egal, welche Religion ihr gerade ausübt. Aber sie waren zu göttlich, um wirklich menschlich zu sein. Wie ihr seht, begnügen wir uns mit einer vagen Ähnlichkeit, die jedoch mehr auf dem Wesen als der Form beruht, oder besser gesagt, mehr auf dem *Innen* als auf dem *Außen*. Ein Beispiel: die Augen. Uns interessiert nur, was im Inneren der Augen ist. Das ist schwierig zu erklären, statt *innen* sollte ich wohl lieber *hinter* sagen. Sagen wir, an den Augen interessiert uns, was *hinter* den Augen ist. Schauen Sie zum Beispiel mich an. Bei euch sagt man für gewöhnlich: Schauen wir einander in die Augen. Ich sage lieber, schauen Sie *hinter* meine Augen. Strengen Sie sich ein wenig an. Wenn wir einander verstehen wollen, müssen wir uns beide anstrengen, und zu diesem Zweck sind Eigenschaften nötig, die in Ihrem Fragebogen nicht vorkommen. Er erfasst nur unmittelbar beschreibbare, konkrete, begrenzte Eigenschaften. Augenfarbe, steht hier.

Und jeder setzt seine ein: Schwarz, Blau, Grün, Braun, sogar Gelb wie die der Katzen. Glauben Sie, das reicht, um die Augen zu verstehen? Die Eigenschaften, die erforderlich sind, um wirklich zu verstehen und somit eine wirkliche Anstrengung zu vollbringen, scheinen in diesem Fragebogen nicht auf. Und dennoch sind es Eigenschaften, auf die auch ihr tagtäglich zurückgreift, deren ihr euch bedient, denen ihr euch anvertraut. Warum versucht ihr sie nicht im Fall meiner Augen zur Anwendung zu bringen? Wie ich das meine? Zum Beispiel, indem ihr eure Vorstellung benutzt. Mithilfe der Vorstellung werden eure Augen in meine eindringen und lesen, was dahinter ist, drücke ich mich klar genug aus? Genau so, ich sehe, dass ein paar von euch allmählich verstehen beziehungsweise sehen. Im Grunde befindet ihr euch nicht auf unbekanntem Gebiet, zuerst habt ihr ja befürchtet, ihr würdet euch in merkwürdigen Ländern auf fernen Planeten befinden, wo sich monströse Aliens bewegen, die sich von eurer harmonischen Natur so sehr unterscheiden. Aber nein, wie ihr seht, ist das ein schöner einfacher Palazzo, mit einem schönen Park rundherum: ein eleganter Zaun, viele Blumenbeete, am Sonntag ist der Bischof zu Besuch gekommen und hat dem Heimleiter, dem Monsignore, und den Gärtnern gratuliert, ach, wie großzügig sind doch die Ordensmänner, die sich um die Kinder kümmern, die Damen, die zu Weihnachten Süßigkeiten bringen, sagen, viele Kinder auf der Welt bekämen keine Süßigkeiten zu essen, die Kinder hingegen, die in diesem Palazzo wohnen, bekämen Süßigkeiten zu essen und vor allem hätten sie im Winter ein Dach über dem Kopf, aber heute ist ein schöner Frühlingstag, und an einem Baum im Garten ist eine Schaukel befestigt, und darauf sitzen zwei Kinder, die, zwar noch sehr klein, aber sehr gut befreundet sind, sie sind befreundet, weil man ihnen gesagt hat, sie seien Geschwister, obwohl sie unterschiedliche Hautfarben haben, und indem sie abwechselnd anschieben und die Beine ausstrecken, schaukeln sie gemeinsam in Richtung Zukunft, wie einer eurer Dichter sagen würde, der einen Hang zu lyrischen Ausdrucksformen hat, schon gut: in Richtung Zukunft, einer Zukunft, die in meinen Augen, in die ihr blickt, gegenwärtig ist, eine Gegenwart, die an diesem bereits vergangenen Frühlingstag festgelegt wird, denn in diesem Augenblick ruft eine männliche Stimme aus dem Haus und befiehlt, hereinzukommen, es ist eine autoritäre Stimme, der man einfach gehorchen muss, Erwachsenen muss man nämlich gehorchen, und außerdem ist es die Stimme des Monsignore, er ist ein strenger Mann, er fordert Gebete und Gehorsam ein, Monsignore trägt ein Büßerhemd, und wenn die Kinder seine Stimme hören, weinen sie, denn in der Dunkelheit und in Erwartung einer Strafe muss man weinen. Aber es hat keinen Sinn weiterzureden, das wissen auch Sie. Verstehen Sie jetzt, was es heißt, hinter den Augen zu lesen?

Auch der Mund ist von den Augen abhängig, das wird Ihnen vielleicht seltsam erscheinen, aber oft ist es so, zumindest in eurem Fall. Denn der Mund dient häufig dazu, das hinauszulassen, was durch die Augen eingetreten ist. Ihr wisst, wie sehr wir euch um die Funktion des Mundes beneiden. Ich gebe zu, er kann keine Abhilfe schaffen, und zwar für nichts, denn was geschehen ist, ist geschehen, und mit der Stimme kann man keine Abhilfe schaffen Er ist bloß ein Notbehelf, aber immer noch besser als nichts. Tja, der Schrei ist besser als nichts. Doch wenn der Mund nicht dazu dient, den Schrei hinauszulassen, wenn er nur ein finsterer Tunnel ist, in dem das Tier stumm schreit, dann werdet ihr verstehen, dass es sich um einen anders gearteten Mund handelt. Um einen Pseudo-Mund, wir haben ihn angenommen, um euch zu imitieren beziehungsweise um in eurer Mitte zu weilen, kurzum, damit ihr uns akzeptiert, aus reiner Sympathie, und wir wollen, dass diese Sympathie gewürdigt wird. Denn, wie ich schon sagte, begnügen wir uns mit einer vagen Ähnlichkeit, und wenn wir zu euch sagen, *ecce homo,* dann ist der Stamm entblößt, auf dem Kopf tragen wir eine Krone aus Glühwürmchen, und ihr seht ja selbst, wie schwierig es für uns ist, Kaiser oder Päpstin zu werden oder andere Ämter zu bekleiden, die ihr bewundert, indem ihr euch vor den Amtsinhabern hinkniet. Um Himmels willen, keine Verbeugungen, das fehlte noch, wir knien uns vor euch hin, deshalb sind wir auch bereit, euren Fragebogen auszufüllen.

Hin und wieder werden wir mit uns selbst schwanger, das ist eine selbstgenügsame Daseinsform, wir sind ja ohnehin so wenige. Wir sind uns durchaus bewusst, dass die Ähnlichkeiten vorübergehend sind, anders als ihr, die ihr glaubt, immer gleich auszusehen, weswegen ihr euch für ewig haltet und verärgert seid, wenn ihr verschwindet. Oder die anderen damit verblüfft. Wir hingegen sind bereit zu verschwinden, ein »pfff«, und die Luft, aus der wir bestehen, vermischt sich mit der Luft, so wie der Traum verschwindet, wenn der Träumer aufwacht. Genau, ihr verschwindet, wenn ihr einschlaft. Wir hingegen verschwinden, wenn ihr aufwacht. Aber aufgepasst, wir sind keine Träume, gemeinsam mit den Träumen ist uns nur das Wesen.

Welches Herkunftsland soll ich auf dem Fragebogen angeben? Wir könnten sagen, dass wir aus dem Raum zwischen den Sternen kommen, aber das wäre nicht exakt. Gestattet uns aber, die Sprache der Astronomie zu benutzen, damit wir uns verstehen, denn im Grunde geht es immer um Abgründe: Sagen wir, wir kommen aus jenen unbekannten Räumen, die die Astronomen als schwarze Löcher bezeichnen, die ihr jedoch in euch tragt. Deshalb sind wir Millionen Lichtjahre von euch entfernt, und gleichzeitig tragt ihr uns unter der Haut, euer *Innen* hat sich nach außen gestülpt, und betrachtet euch jetzt. In gewisser

Weise sind wir das Modell, der Abdruck, der Ursprung. Und vielleicht auch die Schlussfolgerung, wer weiß.

Ach, ihr beinahe menschlichen Brüder, die ihr wie wir an einer Luftschnur hängt, die uns in der Luft hält! Wenn ich könnte, würde ich euch umarmen, in dem kurzen Zeitraum, der euch vergönnt ist, bevor ihr zum Ursprung zurückkehrt. Ach, ihr beinahe menschlichen Brüder, wie seltsam ist doch euer Leben, und das Merkwürdigste ist, dass ihr es messt, als wäre es ein mathematischer Abschnitt und hätte eine wahre Dauer. Unter euch gibt es sogar Wissenschaftler, die sich darüber freuen, dass dieser Abschnitt immer länger wird, sie machen Statistiken, ohne auf die Idee zu kommen, dass er nichts anderes ist als ein Funken, der einen Augenblick lang im absoluten Wirbel des Ganzen leuchtet. Genau besehen brauchen wir euren Pass nicht, wir füllen den obligatorischen Fragebogen nur aus Höflichkeit aus. *Ihr* solltet vielmehr den Fragebogen ausfüllen, doch mit anderen Fragen: Die Fragen, die ihr euch ausgedacht habt, sind zu nichts gut. Wir müssen keine Grenze überschreiten. Und ihr?

EINE UNVERGESSLICHE NACHT

Paula Rego, *Rosamunda*, 2003

… Sie sahen einen Hund, aber das war wahrscheinlich an einem anderen Tag, keine Ahnung wann, im Herbst ihres Lebens jedenfalls. Er hieß Vanda, aber nicht mit W, sondern mit einem V, wie es sich für ein elendes Vieh gehörte. Den Namen erfuhr sie nicht von dem Hund, der dazu auch gar nicht imstande gewesen wäre, denn er röchelte nur noch, sondern Rosamunda, die ihn schon von weitem erkannt hatte, erinnerte sich an ihn. Schau, ein Hund, er heißt Vanda, erinnerst du dich? Fast hätten sie ihn überfahren, im Tunnel war es finster, und sie befanden sich in einer Kurve. Sie warteten draußen auf ihn, an einer Stelle, wo die Straße gerade verlief, damit sie nicht, wie es manchmal vorkam, von einem Lastwagen gerammt wurden. Vanda kam dahergehumpelt, mit gesenkter Schnauze, die Zunge am Asphalt, hielt sich jedoch schön rechts, neben dem weißen Streifen. Ihre Zitzen baumelten, als wäre gerade an ihnen gesaugt worden, man hätte meinen können, sie säuge einen Wurf, obwohl das angesichts ihres Alters, das man ihren Lefzen und ihren Zähnen ablesen konnte, unmöglich war, mindestens zwanzig Jahre, wenn nicht sogar mehr, was für einen Menschen ein Klacks ist, aber eine Hündin in diesem Alter ist schon gebrechlich. Sie hat es aus Nächstenliebe gemacht, sagte einer von ihnen, ich erinnere mich nicht wer, Vanda ist brav, eine anständige Hündin, sie war ihr ganzes Leben lang bis zum Hals eingegraben. Sie hoben sie auf den Rücksitz, sie war so lange gelaufen, dass ihre Pfoten nur noch aus rohem Fleisch bestanden. Sie begriffen, dass sie Tausende Kilometer zurückgelegt hatte, nur damit sie sie fanden, aber das sprachen sie nicht aus, gewisse Dinge kann man nicht einmal aussprechen, ein Körper muss unzählige Schichten der Zeit durchbrechen und rund um den Kern geduldig die Teile ansammeln, die er braucht, um ein Körper zu werden, bis er als lebendiges Wesen an der Oberfläche auftaucht, auch wenn er unter Umständen bereits im Sterben liegt wie diese Vanda und schon von vorneherein angeschmiert ist, weil er glaubt, sich am Anfang zu befinden, und dabei schon am Ende ist. Guter Gott, wozu, fragte er. Eine rhetorische Frage, denn es gibt darauf keine Antwort ... Es war Mittag und sehr heiß, das Licht blendete, ein zu allem Überfluss mediterranes Licht. Wenn so etwas passiert, ist es immer sehr heiß, das Licht blendet, und das mediterrane ist, wie allseits bekannt, obligatorisch. So allseits bekannt, dass man es glauben kann oder nicht, wie man will. Und für den Fall, dass man es glauben wollte, fuhr er langsam, die Felsküste lag in einem rötlichen Licht, und das Meer war ein tiefblauer Strich. Vanda schien zu schlafen, war jedoch wach, denn sie hatte ein Auge offen und eines geschlossen, und mit dem offenen Auge betrachtete sie den Aschenbecher an der Hintertür, der voller Kippen war, als ob er das armselige Aleph wäre, das ihr gewährt wurde, und sie in diesem Universum aus Zigarettenkippen den kranken Gott, dem sie ihre Geburt zu verdanken hatte, und die obskuren Mysterien seiner Religion entdecken könnte. Er betrachtete sie verstohlen, sah die Frage in der vom Schrecken geweiteten Pupille und flüsterte ihr zu, eine dunkle Kurve ist dein Vater, abgelutschte Kippen sind dein Sohn, und eine Zeit, die nicht mehr dieselbe ist, ist der Heilige Geist, das ist die Dreifaltigkeit, von der du abhängst, liebe Vanda, finde dich damit ab, da ist nichts zu machen. Du hast nie Kinder gewollt, erwiderte Rosamunda, als ob sie mit dem Hitzedunst spräche, der den Horizont zum Flimmern brachte, du hast mir dein Sperma immer auf den Bauch gespritzt in all diesen Jahren, einfach so vergeudet, und jetzt ist meine Vanda zur Welt gekommen, aber es ist zu spät, viel zu spät. Sie wird morgen sterben, antwortete er, aber du kannst sie eine Nacht lang halten wie ein Kind, ihr sogar die Brust geben, wenn du willst, besser als nichts, ich habe mein Sperma vergeudet, weil du gelogen hast, und so habe auch ich … Was für eine seltsame Nacht im Z*immer* Taddeos. In dem Ausschnitt, der durch das Fenster zu sehen war, glitten zwei beleuchtete Dampfschiffe vorbei, still, wie in einem Traum. Erst später, als sie den Bildausschnitt schon verlassen hatten, wehte ein Windstoß eine Handvoll Töne her, die kaum zu hören waren, aber ihnen schien es ein Walzer. Vielleicht wurde an Bord getanzt? Das war nicht ausgeschlossen, denn an Bord wird oft und gern getanzt, vor allem auf Kreuzfahrten, selbst auf Kreuzfahrten für die Armen wie dieser hier, bei der man den Golf von San Fruttato nach San Zaccarino durchquert und die nur einen Sonntag lang dauert. Sobald die Leute Zeit dazu haben, tanzen sie, man muss ja jede Gelegenheit nutzen, um sich zu amüsieren, vor allem wenn man eine Karte gekauft hat, denn morgen ist schon wieder Montag. Rosamunda versuchte, ihr die Brust zu geben, aber Vanda wollte nicht trinken. Fast bis zum Morgengrauen hörten sie ihren schwachen Atem, dann starb sie. Sie begruben sie hier unten am Strand, in einer handtuchgroßen Kiesbucht, wo ein steiler Weg zum Wasser hinunterführt, das die Kieselsteine Jahrhundert um Jahrhundert geduldig umspült. Rosamunda schrieb mit Muscheln und kleinen Steinen Vanda null null null null auf das Grab, wobei die Nullen das Geburtsdatum und auch den Todestag bezeichneten, was nur Tristano verstehen konnte, der die Daten mit der Zeit ausfüllte, die tatsächlich seit dem Tag, an dem Rosamunda sich zum ersten Mal ein Kind gewünscht hatte, bis zu jenem Tag vergangen war, an dem sie den Wunsch in Form eines altersschwachen Hundes zu Grabe getragen hatten, denn nach und nach werden auch Wünsche hinfällig und müssen bestattet werden. Sie blieben noch eine Weile und sahen zu, wie die Sonne an dem schmalen Horizont zwischen zwei Landzungen aufging, in diesem hübschen Ort am Meer, in den sie früher mit dem Bus gefahren waren. Es war eine mächtige Sonne, und stumm wussten sie es beide, denn alles ist alt unter der Sonne und manchmal uralt. Was jedoch niemandes Leid vermindert, somit auch nicht das ihre. Sing mir ein Lied vor, so wie du mir früher vorgesungen hast, sagte sie leise. Was für ein Lied?, fragte er. Eines wie damals, als ich auf der Stange deines Rades saß, im Gebirge, erinnerst du dich? Ich hatte den Kopf an deine Brust gelegt, und zusammen mit deiner Stimme kam mir der Geruch von Knoblauch entgegen, wie viel Knoblauch wir in den Bergen doch immer gegessen haben! Aber vielleicht war das ein anderes Mal, wir hatten Schnecken auf provenzalische Art gegessen, hin und wieder haben wir Schnecken auf provenzalische Art gegessen, hin und wieder haben wir es uns gutgehen lassen, und die sind auch mit Knoblauch gewürzt.

Er sang. *Cade l'uliva non cade la foglia le tue bellezze non cadono mai sei come il mare che cresce a onde cresce per vento e per acqua mai.* Es fällt die Olive, nicht aber das Blatt, deine Schönheit vergeht nicht, du bist wie das Meer, es brausen die Winde, es rauschen die Wellen, doch es bleibt immer gleich. Das war ein Wiegenlied. Schwer zu sagen, ob Vanda damit in den ewigen Schlaf gewiegt werden sollte, sie selbst oder die endlosen Träume.

STILLGESTANDEN,
WACHEN SIE JA NICHT AUF

Münir Göle, *Ohne Titel*, 2007

Er machte eine Bewegung mit der Hand, als ob er eine Fliege verscheuchte. Er schwieg. Die Hände hatten aufgehört, die Bügelfalte zu glätten. Er saß mit geschlossenen Augen, den Kopf an das Kissen im Sessel gelehnt, er schien eingeschlafen zu sein. Vor vielen Jahren, flüsterte er, hatte ich immer wieder einen Traum, zum ersten Mal hatte ich ihn mit fünfzehn Jahren, im Lager, und er hat mich die Hälfte meines Lebens begleitet, kaum eine Nacht, in der ich ihn nicht geträumt hätte, eigentlich war es nicht einmal ein Traum, denn die Träume, selbst die unzusammenhängendsten, haben eine Geschichte, mein Traum bestand jedoch hauptsächlich aus einem Bild, als wäre er ein Foto, wenn man das so sagen kann, denn ich stand und schaute in den Nebel, und irgendwann, klick, schoss mein Hirn ein Foto, und vor mir zeichnete sich eine Landschaft ab, nein, es war gar keine Landschaft, sondern etwas, das aus nichts bestand, da war vor allem ein Gittertor, ein wunderbares weißes Gittertor, das sich ganz weit auf eine Landschaft hin öffnete, die es nicht gab, nichts als dieses Bild, der Traum bestand hauptsächlich aus dem, was ich beim Betrachten dieses Bildes, das mein Hirn fotografiert hatte, fühlte, denn die Träume bestehen weniger aus dem, was passiert, als aus dem Gefühl, das man dabei hat, und ich kann gar nicht recht erklären, was ich empfand, denn Emotionen kann man nicht erklären, um sie erklären zu können, müssen sie sich in Gefühle verwandeln, ich kann dir sagen, dass es ein großes Sehnen war, denn ich verspürte gleichzeitig einen großen Wunsch, davonzulaufen, durch das Tor zu laufen und mich ins Unbekannte zu stürzen, irgendwohin zu laufen, und gleichzeitig verspürte ich ein Gefühl der Scham und der Schuld, obwohl ich gar keine Schuld hatte, sowie die Angst, die Stimme meines Vaters zu hören, der mir Vorwürfe machte, aber es gab gar keine Stimme in dem Traum, es war ein stummer Traum, ich hatte bloß Angst davor, die Stimme zu hören.

EIN WIEDERGEFUNDENER BRIEF

Hippolyte Bayard, *Autoportrait en noyé*, ca. 1840

An Monsieur François Dominique Arago
Académie des Sciences
Paris

Universum, 1. Januar 1840

Sehr geehrter Herr Physiker,
sehr geehrter Herr Astronom,

Sie kennen weder die Natur der Materie noch die der Antimaterie. In Ihrem Labor eines kleinen Wissenschaftlers glauben Sie, den Geheimnissen des Universums auf den Grund zu gehen. Anhand Ihrer Ampullen, in denen Sie Wasserstoff und Sauerstoff vermischen, glauben Sie, die Geheimnisse des Wassers zu verstehen. Wenn Sie durch das Mikroskop das unendlich Kleine betrachten, aus dem unser Körper besteht, glauben Sie, die Geheimnisse des Lebens zu verstehen. Wenn Sie durch das Teleskop das unendlich Ferne betrachten, glauben Sie, die Geheimnisse der Gestirne zu verstehen. Doch die Elemente des Universums, Herr Wissenschaftler, sind nicht für Ihre Linsen gemacht. Wasser, Luft, Erde, Feuer bergen Geheimnisse, die Sie nie verstehen werden. Die Gestirne folgen einer für Sie unsichtbaren Bahn. Und wissen Sie, warum? Weil sie tanzen. Alles tanzt, Herr Wissenschaftler, und Ihnen ist es nicht gestattet, diesen Tanz zu beobachten. Und wissen Sie, warum alles tanzt? Weil alles Musik ist, Herr Wissenschaftler, alles gehorcht wiederum einer Musik, die Ihre Ohren nicht hören. Luft, Wasser, Erde, Feuer sind Musik. Und tanzen zu einer ureigenen Musik.

Das Leben, das Sie in Ihrem Labor und in Ihrem Observatorium suchen, ist eine Musik, die Sie nie hören werden.

Es gibt jedoch eine Methode, mit der man die Musik des Lebens einen Augenblick lang einfangen kann. Allerdings fängt sie nicht den Klang der Musik, sondern das Schweigen ein. Wie Sie wissen, ist die Musik ja kein kontinuierlicher Klang, so etwas könnte es gar nicht geben. Sie besteht auch aus Stille: aus winzigen Intervallen oder Pausen zwischen den einzelnen Tönen, den einzelnen Noten; winzigen unmessbaren Zwischenräumen, in denen das Leben innehält und gleich darauf wieder das Pochen aufnimmt, das uns als Kontinuum erscheint. Tja, die magische Methode, von der ich spreche, fängt das flüchtige Intervall in der Musik des Lebens ein, den mit bloßem Auge nicht sichtbaren Zwischenraum, die Stille, aus der das Davor schon verschwunden ist und die schon randvoll mit dem Danach ist. Und sie verewigt. Diese Methode ist die Fotografie, sie ist mir sehr vertraut, denn ich habe ein Verfahren erfunden, das sie effizient und sichtbar macht. Aber Sie haben es mir gestohlen und Ihrem Freund Daguerre gegeben. Sie haben mich in die tiefste Verzweiflung gestürzt. Aber meine Verzweiflung wird Ihr schlechtes Gewissen sein, das ich Ihnen hiermit in Form zweier Fotografien schicke.

Auf der ersten sieht man mich vor meinem bescheidenen Landhaus, in genau der Pose, in der ich das Zeitliche gesegnet habe. Dann bin ich zu dem Bach gegangen, wo ich im Sommer immer die Blumen und die zarten Libellen fotografiert habe, die einen Augenblick lang auf der Wasseroberfläche verweilen. Ich bin in den Bach gegangen und habe mich ihm hingegeben. Ich habe meine Leiche an der Tür zurückgelassen, in derselben Pose, wie ich sie vor fünf Minuten fotografiert hatte, und dann habe ich meinen Ätherleib fotografiert, der inzwischen zu den Sternen aufgeflogen war. Sie werden sich fragen, wie ich dieses

Wunder vollbracht habe. Nun, ganz einfach: mithilfe Ihres Teleskops beziehungsweise indem ich eine meiner Erfindungen daranmontiert habe, doch diesmal werden Sie sie mir nicht stehlen können, weil ich Ihnen nicht offenbaren werde, um welche es sich handelt. Mit diesem Instrument werden Sie nachts in Ihrem Pariser Heim umsonst die Sterne betrachten, um ein noch unbekanntes Sternbild zu suchen, das Ihren Ruhm bei der Nachwelt sichert. Doch der einzige Stern, den Sie entdecken, werde ich, Ihr schlechtes Gewissen, sein. Suchen Sie mich im Sternbild des Orion, während ich schlafe und als Fixstern mein Licht abgebe: Sie werden mich sehen, wie ich meinen Kopf heiter an das dunkle Universum lehne, mit dem überlegenen und heiteren Gesichtsausdruck von jemandem, der Aufnahme im Himmel gefunden hat. Auch wenn Sie sich noch so bemühen, werden Sie keinen Stern außer mir sehen, und Ihr Name, der eines dummen Astronomen, wird immer mit meinem verbunden sein. Sie, mein armer Wissenschaftler, werden nur deshalb berühmt sein, weil Sie in dem ganzen Universum ausgerechnet einen neuen Himmelskörper entdeckt haben: den Stern Hippolyte.

Das ist die Rache eines Clowns aus der Familie der Himmelsclowns, der auch Künstler wie ich angehören, mit dem Kopf zwischen den Sternen und den Beinen im Grab. Adieu

Hippolyte Bayard

ANMERKUNG

Im März 1839 fand Hippolyte Bayard eine neue fotografische Methode und erzählte umgehend dem berühmten Physiker und Astronomen François Dominique Arago davon. Dieser, ein Freund Daguerres, fürchtete, die Verbreitung einer neuen Erfindung könne

dessen Entdeckungen schmälern, und bat Bayard, seine Erfindung nicht sofort publik zu machen. Während seiner Fotoausstellung in der Akademie der Wissenschaften schrieb Arago Daguerre die Erfindung des ersten Fotogramms zu. Um Bayard zu entschädigen, setzte er jedoch durch, dass der französische Staat die zukünftigen Forschungsarbeiten des Fotografen finanziell unterstützte. Bayard fühlte sich betrogen und beschloss, ein »Selbstporträt als Ertrunkener« von sich anzufertigen, auf dem er posierte wie in einem kosmischen Leichenschauhaus. Auf die Rückseite des Fotos schrieb er folgende Worte: »Die Leiche des Mannes, die Sie umseitig sehen, ist diejenige des Herrn Bayard, des Erfinders jenes Verfahrens, dessen außergewöhnliche Resultate Sie gesehen haben oder sehen werden. Meines Wissens nach hat sich dieser einfallsreiche und unermüdliche Forscher drei Jahre lang bemüht, um seine Erfindung zu perfektionieren. Die Akademie, der König und alle diejenigen, die diese Bilder gesehen haben, waren von Bewunderung erfüllt, wie auch Sie sie in diesem Augenblick empfinden, obwohl er sie selbst mangelhaft fand. Das hat ihm viel Ehre, aber keinen Pfennig eingebracht. Die Regierung, die Herrn Daguerre viel zu viel gegeben hatte, erklärte, nichts für Herrn Bayard tun zu können. Da hat der Unglückliche sich ertränkt.«

DOPPELTES RÄTSEL

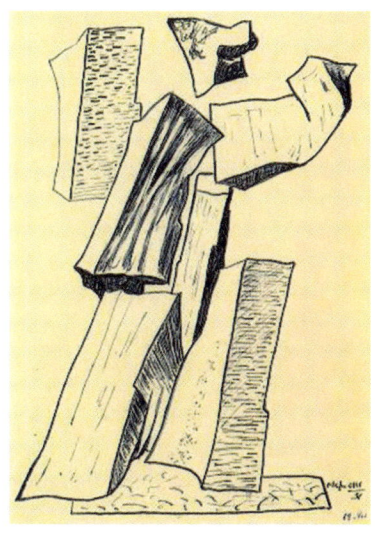

Alberto Magnelli, *Ohne Titel*, 1931

Der Schriftsteller betrachtete die Steine und dachte: Was ist ein Stein? Nach langem Nachdenken kam er zu dem Schluss, ein Stein ist ein Stein ist ein Stein. Einverstanden. Aber hatte ein Stein vielleicht eine Bedeutung? Nein: Ein Stein an und für sich hatte keine Bedeutung, genauso wenig wie ein Baum. Und wo befanden sich überhaupt diese Steine? In der Luft, gleich viereckigen, im Universum tanzenden Sternen? Im Herzen des Malers? In dessen Leben? In einem dramatischen historischen Augenblick im Leben Alberto Magnellis (des Malers, dessen Werke er betrachtete), weshalb dieser überhaupt erst begonnen hatte, Steine zu zeichnen?

Es fielen ihm die Verse eines Dichters ein, der sich ungefähr zur selben Zeit ebenfalls mit Steinen beschäftigt hatte. Das Gedicht stammte aus dem Jahr 1922, das wusste er, denn es war bei der *Semana de Arte Moderna* in São Paulo gelesen worden.

> Mitten auf dem Weg, da lag ein Stein
> Da lag ein Stein, mitten auf dem Weg
> Ein Stein lag da
> Mitten auf dem Weg, da lag ein Stein
>
> Nie werde ich den Schock vergessen
> Der meine erschöpften Netzhäute traf.
> Nie werde ich vergessen: Mitten auf dem Weg
> Da lag ein Stein
> Ein Stein lag da, mitten auf dem Weg
> Mitten auf dem Weg, da lag ein Stein

Auch seine Netzhäute waren erschöpft vom Betrachten dieser Steine, denn je länger er die voluminösen, scharf konturierten Quader betrachtete, desto vieldeutiger und flüchtiger wurden sie, wie vom Wind vorangetriebene Wolken, die sich über den Himmel schoben. Er dachte: Der Mondstein, der Prüfstein, der Stein der Weisheit, der Meilenstein, der Stein von Bologna.

Ein Stein kann vieles sein. Er bat die Exegeten um Hilfe. Einer sprach von den Marmorsteinbrüchen, die der Maler bei seinem Weggehen aus Italien auf seinen Netzhäuten mitgenommen hatte. Das erschien ihm als plausible Erklärung: Wenn man die Marmorberge in Carrara, wo Michelangelo seine Steine abbauen ließ, einmal gesehen hat, vergisst man sie nie wieder. Er las noch eine Exegese: Magnelli hatte sich von den Gebirgen auf den Gemälden der primitiven toskanischen Maler beeinflussen lassen. Auch das erschien ihm plausibel: Auch diese Berge sind erinnerungswürdig, wenn man sie einmal in den Uffizien gesehen hat, vergisst man sie nie wieder. Aber warum hatte niemand an Leonardo und seine Felsgrottenmadonna gedacht? Auch auf diesem Gemälde gab es viele Steine. Vielleicht hatte Alberto Magnelli bei seinem Weggehen aus Italien aus Höflichkeit das unergründliche Lächeln der Madonna zurückgelassen und nur die Steine mitgenommen. Das war die Exegese eines Dilettanten, aber auch sie besaß eine gewisse Plausibilität. Die Steine waren ein richtiges Knobelspiel. Je länger man sie ansah, desto mehr erschienen sie einem als Rätsel.

Er überlegte, ob er Drummond de Andrade um Hilfe bitten sollte, den Dichter, der mitten auf dem Weg einen Stein gefunden hatte, der seine erschöpften Netzhäute traf. Er besaß Drummonds Gesamtwerk in einer Originalausgabe des Verlages Aguilar, aber da ihn eine Pariser Galerie um einen Text gebeten hatte, brauchte er eine französische Übersetzung. Er suchte sie in seiner Bibliothek. Er blätterte die französische Ausgabe durch und hoffte den Text, den er brauchte, darin zu finden. Zum Glück war er da. Es war ein *poème en prose* und hieß *L'Enigme*. Trotzdem übersetzte er es aus dem Original ins Italienische.

DAS ENIGMA

Die Steine gehen über die Straße. Plötzlich versperrt ihnen eine dunkle Form den Weg. Sie fragen sich ausgehend von ihrer persönlichen Erfahrung. Sie kannten zwar andere sich bewegende Formen und wussten, dass von jedem Ding, das sich auf der Erde bewegte, eine Gefahr ausging, doch diese Form ähnelte in keiner Weise den von der Erfahrung abgenutzten und von der Gewohnheit eingesperrten Bildern, die vom gedächtnislosen Instinkt der Steine bereits gezähmt worden waren. Die Steine bleiben stehen. Sie erstarren bei der Anstrengung, zu verstehen. Und aufgrund der Konzentration dieses Augenblicks graben sie sich in den Boden und werden auf immer und ewig zu kolossalen Bergen oder einfachen, verdutzten und armen Steinen, die sich verirrt haben.

Er verspürte eine große Erleichterung. Das *poème* hatte auch einen zweiten Teil, doch die Antwort wurde schon im ersten gegeben, denn so lösen die Dichter die Rätsel, die ihnen das Leben aufgibt: genau wie Ödipus, der das Rätsel der Sphinx löste, uns jedoch das Rätsel aufgab, was für ein Leben er führte, nachdem er das Rätsel gelöst hatte.

Er legte das Buch zurück, und da fiel sein Blick auf die jüngste These, die die Exegeten zu den Steinen des Malers formuliert hatten. Das enzyklopädische Wissen von Mister Google auf dem leuchtenden Bildschirm verriet es ihm. Verdammt, er hatte nicht an Nietzsche gedacht. Wie war es möglich, dass er nicht an Nietzsche und vor allem nicht an seine *Morgenröte* gedacht hatte, wie Mister Google es wollte. Vielleicht weil es Abend war, die Galerie auf seinen Text wartete und ihm ein paar Nachrichten geschickt hatte, die zur Eile drängten? Die statischen Steine duldeten allerdings keine überhasteten Reden. Die Worte Nietzsches, die Magnellis Exeget zum Anlass für seine Überlegungen genommen hatte, wonach die Worte Steine seien, die mit ihrer Last die Kommunikation verhindern und ersticken, erschienen ihm mehr als richtig. Der Kritiker kam zu dem Schluss, dass Magnelli mit diesen Steinen ein versteinertes Italien dargestellt hatte, ein totalitäres und faschistisches Italien, aus dem er geflohen war. Das war mehr als plausibel. Drummonds Enigma, mit dessen Hilfe er das Rätsel dieser Steine gelöst zu haben glaubte, löste sich auf wie Nebel in der Sonne. Und gleichzeitig verschwanden Magnellis Steine im Schatten ihres eigenen Rätsels, wie geblendet vom Sonnenlicht. Also schlug er wieder Drummonds Buch auf und las den zweiten Teil des *poème en pro*se.

Aber das dunkle – unermessliche – Ding liegt da, wie es Rätsel nun mal tun, die sich über jeden Versuch der Deutung lustig machen. Die Rätsel sind dazu verdammt, sich selbst nicht enträtseln zu können. Sie besitzen nicht den Scharfsinn der anderen, der sie vom Fluch ihres Verwirrtseins befreien könnte. Und zugleich weisen sie ihn von sich, denn so ist die Beschaffenheit der Rätsel. Das hielt die Steine, die naive Herde, auf, und morgen wird das Rätsel auch die Bäume unbeweglich machen, bis der Tag des Windes kommt und der Tag der Vögel und der Luft, in der es von Insekten und Schwingungen wimmelt, und der Tag jeglichen Lebens und der universalen Fähigkeit, sich zu verstehen und zu ergänzen, die das Bewusstsein überlebt. Das Rätsel neigt dazu, die Welt zu lähmen.

Aber was konnte man tun, wenn das Rätsel dazu neigt, die Welt zu lähmen? Er las weiter im Text des Dichters:

> Vielleicht leidet das unermessliche Ding in jeder einzelnen Faser, doch es hat weder Mitleid mit sich selbst noch mit jenen, die es zu einem eisigen Warten zwingt. Ach, wozu ist Intelligenz gut, jammern die Steine. Wir waren intelligent; doch sich die Bedrohung vorzustellen, bedeutet noch lange nicht, sie aus dem Weg zu räumen; es bedeutet, sie überhaupt erst zu schaffen. Ach!, wozu ist Sensibilität gut, jammern die Steine. Wir waren sensibel und die Gabe der Barmherzigkeit kehrt sich gegen uns, da überlegten wir uns, sie den weniger begünstigten Gattungen zu überlassen. (…) Doch das Ding, das auf der Straße liegt, verschwindet nicht. Düster versperrt es den Weg und denkt nach.

Diesmal glaubte er, die Lösung des Rätsels gefunden zu haben. Denn wenn das Ding dunkel den Weg versperrt und nachdenkt, dann schreitet der Künstler in derselben Finsternis voran wie ein Minotaurus, der mit einer kleinen Stirnlampe in das Bergwerk eingetreten ist. Geh weiter, Künstler. Aber wohin? Und warum?

DIE KOPFSCHMERZEN
DES MINOTAURUS

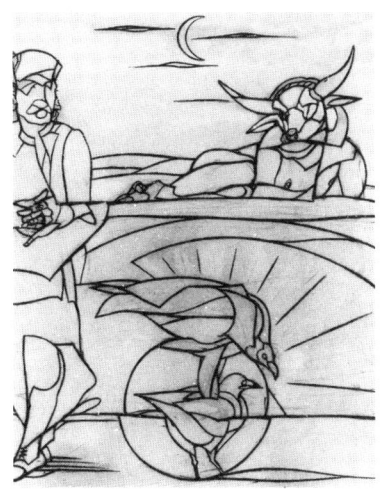

Valerio Adami, *Le minotaure*, 1996

Borges und Dürrenmatt ahnten, dass Minotaurus melancholisch war, aber wahrscheinlich blieb es ihnen verwehrt, das Wesen seiner Krankheit, den Fluss des venösen und arteriellen Blutes, die Unmengen an Serotonin, zu verstehen. Diesen Zustand erfahren nur einige Privilegierte, die, wie ein Dichter schrieb, sowohl Kopfweh als auch das Weh am Universum kennen.

Dädalus war der Erste, der diese schrecklichen Kopfschmerzen zur Kenntnis nahm. Er wusste, wenn man den Raum wie durch die Augen einer Fliege sah und auf ein Netz von tausend rechten Winkeln reduzierte, machte das die wackeren Absichten Euklids zunichte und ließ seine geduldige Geometrie zu einem Panik verursachenden Fraktal schrumpfen. Um es zu dechiffrieren, schickt der Sehnerv – Euklid hatte sich überwunden und zugegeben, dass er abgetastet wurde – widersprüchliche Botschaften an die Hirnrinde, wobei jede die vorige verleugnet. Ein Winkel führt zur Freiheit, ein anderer zum ewigen Gefangensein: Doch sie sind gleich groß und komplementär, komische siamesische Zwillinge aus Stein, es wäre sinnlos, einen Winkelmesser anzulegen.

An diesem Tag lag die schwüle Hitze wie ein Schweißtuch auf dem Labyrinth. Dädalus lief durch die Gänge, auf der qualvollen Suche nach einem Raum, wo sich ein Riss in der erstickenden Decke auftat und sich ein kleiner Innenhof bildete, hinter dessen unüberwindbaren Mauern man wenigstens das Blau des Himmels sah. Auf den Schultern trug er einen Sack mit Bienenwachs und Vogelfedern. Plötzlich stand er in einem großen Zimmer, an das er sich nicht erinnerte und auf dessen Wänden sich Fresken mit leichtfüßigen, roten Figuren befanden, die Gaben trugen, und mit weiteren Figuren, die tanzten wie Korybanten. Das junge Ungeheuer saß abseits auf einem mit Kissen bedeckten Stuhl aus Stein und hielt den Kopf zwischen den Händen. Aus den großen Kuhaugen kullerten Tränen und netzten seine sich hebende, schmale Brust. Dädalus sah es an und empfand Mitleid. Warum weinst du, Junge?, fragte er ihn. Das weißt du doch, antwortete Minotaurus, nur du weißt, was der Anblick des Universums auslöst, und du hast mich in dessen winzig kleinem Abbild eingesperrt. Dädalus antwortete nicht, und der Junge fuhr fort: Weißt du, was Kopfschmerz bedeutet? Das ist nicht einfach Migräne oder Kopfweh, diese Wehwehchen kann man mit einem Heiltrank vertreiben. Es ist viel mehr und etwas ganz anderes: ein vielfältiger Vorgang in unserem Kopf und in unserer Seele. Und es ist nicht einfach, etwas zu erklären, das viele Dinge gleichzeitig ist. Fürs Erste ist es ein leiser Klang, denn so beginnt es. Aber unhörbar, es ist, als ob eine Glocke läutete, die jedoch nicht läutet, aber man hört sie trotzdem, wie ein Flüstern. Eine Art Pfiff? Eine Art Winseln? Ähnlich, aber auf einer anderen Wellenlänge. Mit einem Wort: ein Ruf. Etwas, das dich aus der Ferne, aus den Abgründen ruft. Und du hörst es. Und ganz plötzlich und heftig siehst du die Umrisse klar. Das hinterhältige Zischen, das dich stumm erreicht, vergewaltigt den Blick und schärft ihn. Es dehnt die Umrisse und die Kanten, als ob du beobachtest, wie sich die Existenz der Dinge im Raum vergrößerte und ihnen diese Ausdehnung eine andere Bedeutung verliehe: Ihre Geometrie hat sich verändert, und jetzt zerfließen sie.

Der Minotaurus hielt inne, nahm den Kopf zwischen die Hände, und dann rieb er ihn an der Wand, wie es kranke Tiere tun. Rede weiter, sagte Dädalus.

Der Minotaurus seufzte, siehst du den Schrank hinten im Zimmer und den Spiegel da, gegen den die dumme Fliege fliegt?

Das sind ein Schrank und ein Spiegel, und du siehst sie immer als Schrank und Spiegel, sie sind, was sie sind. Und plötzlich sind sie nicht mehr das, was sie sind, sondern nur noch die Darstellung von Linien und Körpern im Raum. Der Schrank wird zu einem Würfel, das verstehst du, wie damals, als dir der Mathematiklehrer in der Schule ein festes Objekt auf den Tisch stellte, damit du eine Projektion zeichnetest. Denn ein Würfel ist ein Würfel und kein Schrank, verstehst du? Er steht abstrakt vor dir wie eine Idee, er hat keine Bedeutung mehr, er besteht nur aus Linien. Und in diesem Augenblick beginnt alles zu schwanken, die Gezeiten des Raums schwellen an und ab, und du befindest dich darauf und schwankst, ihnen ausgeliefert, du musst dich setzen, du könntest über den Boden rollen, über den flüssigen Boden, der nicht mehr dazu taugt, deine Beine im Gleichgewicht zu halten, nur zwei, du bräuchtest mindestens vier, du spürst es, du wärst gern ein Vierfüßler, doch du bist ein armseliger Zweifüßler, und um dich herum oder besser gesagt in dir atmet eine kavernöse Lunge, die dir wie das Universum erscheint, und du bist gleichzeitig darauf und drinnen, du bist ein armseliges Atom, das von den Bläschen dieser ungeheuren Lunge hin- und hergeworfen wird, die sich beim Atmen ausdehnt und zusammenzieht. Kronos, Uranos, so eine Lunge, die an dir knabbert, dich verzehrt, und du presst die Hände an die Schläfen, du drückst fest zu, um diese Flut der Zeit festzuhalten, die in deinem Kopf explodiert ist wie eine Ursprungssuppe, die brodelt und in der du untergehst. Das ist Kopfschmerz, Dädalus. Verstehst du, wozu du mich verurteilt hast?

EIN WINTERNACHTSTRAUM

Davide Benati, *Neve a sera*, 2000

Stand der Mond am Himmel? Ja, der Mond stand am Himmel. Ein Mörder hatte das Mondlicht umbringen wollen, es war ihm jedoch nicht gelungen. Und das Mondlicht überflutete das Weiß mit Weiß. Und das Dorf schlief. Es war ein Dorf mit wenigen dunklen antiken Häusern. Nur in einem schmalen Fenster sah man Licht. Aber es war keine Lampe, sondern ein Kaminfeuer, und davor saß ein Mann, die Beine hatte er auf die Steine gelegt, auf denen Flügel ruhten. Er beobachtete die Funken, die sein Großvater (andere Zeiten!) als »die Mädchen« bezeichnet hatte, weil sie wie Pupillen tanzten und auch strahlten wie sie. Die »Mädchen« flogen in die Höhe, zum schwarzen Rauchfang. Der Mann drehte sich um, betrachtete das Fenster und sah das langsam fallende Weiß und dachte: Schnee, Ruß. Dann fiel ihm ein Haiku ein, das er vor langer Zeit in einer fernen Stadt gehört hatte, und eine Frau, die es ihm mit zärtlicher Stimme vorgesungen hatte:

> ich breite meinen Papiermantel aus
> und gehe hinaus
> um den Schnee zu betrachten.

Doch da überkam ihn Schlaf, und der Mann erhob sich langsam, als ob er flöge, breitete einen Papiermantel aus, zog ihn an und öffnete die Tür. Erst jetzt fiel ihm auf, wie anmutig sein Mantel war und wie seltsam: Auf diesem Papiermantel befand sich das gemalte Bild der Landschaft, die man durch die geöffnete Tür in der Dunkelheit sah: eine weiße Schicht mit den Nuancen des Weiß, eine geheimnisvoll weiße, einladend weiße Schicht, die wie ein Mantel über der ganzen Landschaft lag. Ich trage einen Mantel auf den Schultern, sagte der Mann zu sich und ging durch den Ruß oberhalb des Weiß; erst jetzt stellte er fest, dass die Dunkelheit nicht kompakt und einförmig war, sondern dass sie aus unterschiedlichen Nuancen bestand, die den Nuancen des Weiß entsprachen. Was suche ich, fragte sich der Mann. Er fand keine Antwort, doch er wusste, dass er in der Dunkelheit und im Weiß weitergehen musste, also machte er die ersten Schritte in die Landschaft hinein, ach,

ein Hund bellt

jemand geht vorbei

Schneenacht.

Mitten auf dem Weg, unter dem Weiß, lag ein Stein. Er stieß mit dem Holzschuh dagegen, und der Aufprall des Holzes hallte in der Nacht wider. Der Hund verstummte und begann in der Ferne, hinter der Zypressenreihe, auf dem Hügel gegenüber, aufs Neue zu bellen. Also verbargen sich Steine unter dem Weiß, sicher, jetzt, wo die Augen sich an die Nuancen des Schwarz gewöhnt hatten, konnte er auch die Schattierungen des Weiß erkennen. In einer der Nuancen sah er einen Stein. Was also war dieser Schnee, der fiel, um eine Landschaft zu bedecken, aus der (das erkannte er jetzt in den Nuancen des Schwarz) die Umrisse eines kleinen Tempels hervorlugten? Vielleicht sollte es eine Art Vergebung sein, dachte er, und der Schnee war deshalb gefallen. Doch die Vergebung setzte Leiden voraus, und er hatte bei seinem nächtlichen Herumirren an dieser Vergebung teil, er erteilte sie und empfing sie, und er dachte auch, er müsse die richtige Person finden, damit dieser Austausch stattfinden konnte, deshalb war er in die weiße Nacht hinausgetreten. Ach,

erster Schnee
wie soll ich dich preisen?
Mondlicht auf dem Bambus.

Bist du sicher, dass du die Person finden wirst, die du suchst? fragte eine Stimme hinter ihm bedrohlich. Sicher, antwortete er arglos, denn

dem einsamen Mann
bleibt als einziger Freund
der Mond.

Der Mond, der Mond, Mondmondmond, der Mond oben schert sich nicht um dein Glück, wiederholte hinterhältig die nächtliche Stimme hinter ihm. Und plötzlich tat sich ein Abgrund auf, ein Riss zog sich durch die Landschaft, Orange leuchtete auf dem Weiß, das Schwarz wurde flämisch, und der Mann öffnete bloß die Augen. Das Feuer war zu Asche geworden, alles schwieg, ringsherum und in ihm herrschte Stille, das Haus war einsam, und alles war einsam, und er flüsterte, es war nur ein Traum, keiner wird je kommen. Stattdessen

Feuer unter der Asche
tiefe Nacht
jemand klopft an die Tür.

ANDANTES CON BRIO

DIE ERBEN DANKEN

Maria Helena Vieira da Silva, *La partie d'èchec*, 1943

Ich hinterlasse meinen Freunden
Himmelblau, um hoch in den Himmel zu fliegen
Kobaltblau, um glücklich zu sein
Lasurblau, um den Geist anzuregen
Zinnoberrot, damit das Blut fröhlich zirkuliert
Moosgrün, um die Unruhe zu besänftigen
Goldgelb: Fülle
Violett für die Rêverie
Krapplack, bei dem man Cellomusik hört
Kadmiumgelb: Fantasy, Brillanz, Gefunkel
Ockergelb, um die Erde anzunehmen
Veronesergrün als Erinnerung an den Frühling
Indigo, um den Geist auf das Gewitter einzustimmen
Orange, um den Blick auf einen Zitronenbaum in der
    Ferne zu schärfen
Zitronengelb für die Anmut
Reines Weiß: Reinheit
Natürliche Sienaerde: Verwandlung in Gold
Samtschwarz, um Tizian zu sehen
Schattengrau, um die schwarze Melancholie besser
    auszuhalten
Gebrannte Sienaerde für das Gefühl der Dauer

(*Maria Helena Vieira da Silva,* Testament)

1. HIMMELBLAU

War also alles vorbei? Ja, sagte er zu sich. Denn das Leben geht zu Ende und auch die Poesie. Wie lange schrieb er, der große Dichter, nun keine Gedichte mehr? Und hatte dieser Urlaub überhaupt einen Sinn? Hier auf dieser Terrasse, die aufs Meer blickte, dem Ort, wo er so viele Jahre mit ihr ...

Sommernachmittag. Langeweile. Ozeanografie der Langeweile. Um Langeweile empfinden zu können, braucht man einen Stuhl. Und er saß. Und wie er saß. Ohne die Hilfe seiner Pflegerin konnte er gar nicht mehr aufstehen. Auf dem Tisch war ein Krug mit Eistee, und es kam ihm vor, als würde er direkt auf dem Horizont stehen. Unter dem Krug das Meer, darüber der Himmel. Und genau in diesem Augenblick tauchte auf der Linie zwischen Meer und Himmel eine winzige Gestalt auf, schwebend kam sie ihm entgegen, als würde sie durch die himmelblaue Luft fliegen. Sie war es. Sie ruderte mit den Armen wie beim Schwimmen, und hin und wieder winkte sie ihm, als ob sie sagen wollte: Ich bin's. Und da nahm er das weiße Blatt Papier, das vor ihm lag und nun schon über Jahre weiß geblieben war, und begann zu schreiben. Und er nannte sie schneeweißer Silberreiher, vielleicht weil er glaubte, sie trüge dasselbe Nachthemd wie in ihrer Hochzeitsnacht; und Kohlweißling, vielleicht weil sie im Licht eines Sonnenstrahls einen Augenblick lang gelblich schimmerte wie die Falter, die in unseren Gärten um die Kohlstrünke herumflattern. Und er beschrieb ihren Flug auf mannigfache Weise, in Versen, die ich hier nicht wiedergeben kann, denn das würde den Rahmen dieser Geschichte sprengen. Bis er zu schreiben aufhörte, das Blatt Papier mit dem Gedicht unter den Krug schob und mit einer Behändigkeit, die er sich selbst gar nicht mehr zugetraut hatte, aufstand und leichtfüßig wie Nijinsky oder Nurejew zu dem niedrigen, gekalkten Mäuerchen am Rand der Terrasse trippelte und in das Himmelblau hineinsprang, um ihr entgegenzufliegen.

2. KOBALTBLAU

Und überhaupt, dass man ihn im Handumdrehen entlassen hatte! Und dass dieser Kollege, dem ihr Mann immer vertraut hatte, sich seiner Unterlagen bemächtigt hatte und sie an seiner Stelle unterzeichnet hatte, anstelle ihres Mannes, der immer ein loyaler Beamter gewesen war. So ein Schuft. Wenn sie ihn in die Finger gekriegt hätte, hätte sie ihn umgebracht. Sie wünschte sich, ein wenig schlafen zu können, mit dem Kopf an der Rückenlehne, während er fuhr. Sie würden wohl noch eine gute Stunde brauchen, bis sie das kleine Städtchen erreichten, wo sie ein Zimmer in einer kleinen Pension reserviert hatten, weil er auf keinen Fall auf den Urlaub hatte verzichten wollen. Er hatte gesagt: »Reg dich nicht auf, Liebling, schlimmstenfalls verkaufen wir die Wohnung!« Die Wohnung verkaufen! Wo sie doch sechs Jahre gebraucht hatten, die Raten für die Wohnung, ihre kleine Wohnung, abzubezahlen, und jetzt, wo sie endlich ihnen gehörte, hatte man ihn entlassen, weil er zu vertrauensselig gewesen war. Und nun tat er, als ob nichts wäre. Schlimmstenfalls verkaufen wir die Wohnung! Hin und wieder sind Männer richtig dumm, um nicht zu sagen: Kindsköpfe, Männer sind große Kindsköpfe. Es dämmerte bereits, und sie bekam langsam Hunger, zu Mittag hatten sie nämlich nur einen grauenhaften Hamburger gegessen. Sie ließ sich von den Bewegungen des Autos in den Schlaf wiegen und schloss die Augen. Was hast du gesagt? Beim Klang seiner Stimme fuhr sie empor. Nichts, sagte er, ich habe vom Himmel gesprochen, schau dir die Stelle dort an, wo das Licht verdämmert, das ist Kobaltblau. Sie schlug die Augen auf und schaute in die Richtung, in die er zeigte, und spürte, wie eine Welle durch sie hindurchging wie elektrischer Strom. Und tatsächlich spürte sie einen kleinen elektrischen Schlag in den Händen, und ihr Herz begann heftig zu klopfen. Sie fragte sich, warum sie ein derart intensives Gefühl verspürte. Vielleicht, weil sie jung waren? Weil es schön war, zusammen zu sein? Weil das Leben vor ihnen lag wie die Straße, auf der sie fuhren und die jetzt, nachdem sie die Berge hinter sich gelassen hatten, zum Meer hinunterführte? Weil sie sich ein Kind wünschte? Ja, sie wünschte sich ein Kind, und wie sie sich ein Kind wünschte! Verspürte sie vielleicht deshalb dieses überwältigende Glücksgefühl? Entschuldigung, sagte sie, ich bitte dich um Entschuldigung. Wofür?, fragte er, ich verstehe nicht. Macht nichts, sagte sie, es reicht, wenn ich es weiß.

3. LASURBLAU

Seit wie vielen Jahren war er nun weg? Er rechnete schnell nach. Seit neun, seit mehr als neun. Er war als Kind weggefahren, und jetzt kehrte er zurück. Aber wohin eigentlich? Was bedeutete es, zurückzukehren? Kehrte man an denselben Ort zurück? Ist der Ort, an den man zurückkehrt, derselbe wie der, den man verlassen hat? Ein Vers fiel ihm ein: *Erkennst du mich, Luft, du, voll noch einst meiniger Orte?* Das hatte ein deutscher Dichter geschrieben. Oder sollte er es erst schreiben? Aber das war nebensächlich, absolut nebensächlich. Er lehnte an der Bordwand des Dampfschiffes und sah aufs Meer hinaus. Dort in der Ferne, jenseits des Meeres, lag Lissabon. Er sagte zum Schiff: Bitte, Schiff aus Eisen, fahr nicht nach Port Said! Bieg nach rechts ab, fahr irgendwohin. Aber das Schiff drehte nicht rechts bei. Es fuhr geradeaus. Und es hinterließ im Meer einen geraden Gischtstreifen und am Himmel eine gerade Rauchsäule. Und da sagte er zu sich: Auch recht, musst du eben eine imaginäre Welt erfinden, in der du in ein paar Tagen an Land gehen wirst, eine Welt, die ganz dir gehört und aus deiner Kindheit zu stammen scheint, die jedoch nicht mehr die deiner Kindheit ist, weil der blaue Himmel nicht mehr derselbe Himmel ist wie der in deiner Kindheit und alles auf unabänderliche Weise anders ist, du bist ein Matrose, der von einer menschenleeren Insel auf einen erfundenen Kontinent zurückkehrt. Er machte sich sofort an die Arbeit. Denn er brauchte nur den Geist anzuregen, und dieses Lasurblau war notwendig, um den Geist anzuregen. Das hatte eine bedeutende Malerin gesagt. Oder vielleicht hatte sie es noch nicht gesagt, aber das war nebensächlich, absolut nebensächlich.

4. ZINNOBERROT

» ... und ich war so niedergeschlagen, meine Liebe, aber wirklich so was von niedergeschlagen, depressiv und selbstmordgefährdet, und da kam er daher, mit seinem Tennisschläger unter dem Arm und dem Ausdruck von jemandem, dem alles egal ist. Und in diesem Augenblick konnte ich mich nicht mehr beherrschen. Mein Gesicht lief zinnoberrot an, wie damals, als wir kleine Kinder waren und uns zankten, und ich sagte ihm, was ich schon seit zwanzig Jahren sagen wollte, heftige Worte, die mir ebenfalls zinnoberrot erschienen. Er war wie vom Donner gerührt, wurde aschfahl und ließ den Tennisschläger fallen. Und ich verspürte eine unbeschreibliche Fröhlichkeit, ich kam mir vor wie neugeboren, ich spürte, dass mein Blut kraftvoll durch meine Adern floss, was mich noch fröhlicher machte, und weil ich so froh war, die Fröhlichkeit wiedergefunden zu haben, brach ich in lautes Lachen aus, stand auf, ich konnte mich nicht länger zurückhalten, ich habe nicht einmal meine Sachen mitgenommen, vielleicht lasse ich sie von jemandem holen, ich bin hinausgegangen, habe die Tür hinter mir zugemacht, bin ins Auto gestiegen und habe ihn dort stehengelassen wie einen begossenen Pudel. Schreib mir bald, aber an die Büroadresse. Es grüßt und küsst Dich Deine ...«

5. MOOSGRÜN

» ... im Gegensatz zu Dir habe ich wie immer autogenes Training machen müssen, um mich zu beruhigen. Hier in Michigan ist es Spätherbst, und der Garten ist einfach prächtig. Auf der Steinbank hinter der Ulme wächst Moos, das so weich wie Seide ist. Es ist zartgrün mit bräunlichen Flecken. Ich schwöre Dir, ich beruhige mich nur, wenn ich diese Farbe streichle. Entschuldige die etwas ungelenke Formulierung, natürlich streichelt man keine Farben, aber ich weiß nicht, wie ich es sonst ausdrücken sollte, denn wenn ich dieses Moos streichle, ist mir, als würde ich seine Farbe streicheln. Hin und wieder denke ich, wenn Du Fred geheiratet hättest und ich Mark, wäre alles anders gekommen, denn wahrscheinlich gefiel mir Mark und Dir Fred. Warum haben wir das damals nicht bemerkt?«

6. GOLDGELB

»Du bist schön, sage ich zum Leben. / Noch mehr Fülle, / mehr Frösche und Nachtigallen, / mehr Ameisen und mehr Knospen / sind gar nicht vorstellbar. / (...) / Ich lobe deine Fülle, / deinen Erfindungsreichtum und deine Genauigkeit / und noch etwas anderes und mehr – / deine Magie, deinen Zauber.«

»Wenn Wisława Szymborska das Goldgelb auf den Bildern Maria Helena Vieira da Silvas nicht gesehen hätte, hätte sie diese Verse niemals geschrieben, das ist ganz klar«, sagte der Erste.

»Aber auch Maria Helene Vieira da Silva hätte niemals dieses Goldgelb gemalt, wenn sie nicht die Verse von Wisława Szymborska gelesen hätte, da gibst du mir wohl recht«, sagte der Zweite.

7. VIOLETT

»Dann hört euch das an«, sagte der Dritte. »›Andere werden die Dinge lieben, die ich liebte / Derselbe Garten wird vor meiner Tür liegen.‹« Um ein Goldgelb auf die Leinwand zu bringen wie Maria Helena oder ein Gefühl der Fülle zu beschreiben wie Wisława, muss man zum Träumen oder Tagträumen beziehungsweise zur Rêverie fähig sein. Und die Rêverie ist violett, daran besteht gar kein Zweifel. Und wenn Sophia de Mello Breyner Andresen diese Verse nicht geschrieben hätte, hätte Maria Helena nicht ihr Gelb gemalt, und Wisława hätte nicht das Gefühl der Fülle beschrieben.

»Das stimmt«, sagten die beiden anderen einstimmig. »Aber wenn Sophia nie das Goldgelb von Maria Helena gesehen und nie die Fülle des Lebens bei Wisława kennengelernt hätte, hätte sie nie zum Violett ihrer Rêverie gefunden, ich hoffe, darin sind wir uns einig.«

»Maria Helena, Wisława, Sophia: drei wunderbare Frauen«, sagte eine Stimme hinter ihnen. Die drei Freunde drehten sich um. Es war Nacht, die Straße war menschenleer. Wer hatte gesprochen? War das eine Halluzination? Aber eine Stimme fuhr fort:

»Wenn ich an die drei denke, fällt mir Krapplack ein. Und da ihr euch mit Farben so gut auskennt, werdet ihr wissen, dass Krapplack keine deckende Farbe ist, sondern ein zwischen Rosa und Karmesinrot changierender Lack, der durchsichtig wird, sobald man ihn auf die Leinwand aufträgt, und alle anderen Farben zum Leuchten bringt. Sie beginnen wie durch einen Zauber zu strahlen, die Leinwand ist wie von Licht durchflutet, deshalb verwendete ihn auch van Gogh, um das Licht der Provence einzufangen. Krapplack ist ätherisch und flüchtig, liebe Herrschaften, er bringt auch Farben zum Leuchten, die von sich aus matt wären: Es ist, als ob man sich an einem grauen Herbsttag eine Brille mit bunten Gläsern aufsetzte. Maria Helena, Wisława und Sophia sind mein Krapplack, und wenn ich die Welt mit ihren Augen sehe, höre ich Cellomusik.«

Die drei Freunde waren stehen geblieben. Niemand wagte ein Wort zu sprechen. Sie waren die Einzigen auf der Straße. Das war sehr geheimnisvoll. Dann hoben sie den Kopf und sahen, dass durch ein halboffenes Fenster im letzten Stockwerk dieses alten Gebäudes Licht drang. Es war eine Mansarde hoch oben, und das Licht war kein echtes Licht, sondern ein transparenter Schein, ein Reflex wie Krapplack. Und es war ihnen, als ginge von diesem Licht Cellomusik aus. Aber das bildeten sie sich gewiss nur ein.

9. KADMIUMGELB

Er schrieb: »Sie erschien ihm plötzlich an den unmöglichsten Orten, umgeben von einem hellen Schein, als würde gelbes Licht um sie herum explodieren. Es war im Januar 2082, und die Wissenschaftler hatten eben eine Methode erfunden, mit der man Körper zerlegen und an einem anderen Ort wiederaufbauen konnte.« Der Anfang gefiel ihm. Er überlegte sich einen Titel: *Barite yellow*. Auch der Titel gefiel ihm, er passte gut zu dem Pseudonym, das er sich ausgesucht hatte: Phil McPhil.

10. OCKERGELB

Eine schwache Herbstsonne stand am Himmel. Die Trauergäste bildeten einen Kreis um das Grab. Der Totengräber warf die erste Schaufel Erde hinein. Der Priester bekreuzigte sich und sagte: »Unser Bruder möge diese ockerfarbene Erde annehmen, so wie auch wir sie eines Tages annehmen werden müssen, so wie wir das augenblickliche Gelb der Blätter annehmen, das Symbol für die Vergänglichkeit unserer Jahreszeiten.«

11. VERONESERGRÜN

»Wenn ich meinen inzwischen lange zurückliegenden Frühling beschreiben müsste oder, besser gesagt, meine Frühlinge, würde ich es mit Grün versuchen. Aber mit einem ganz besonderen Grün, das mit Sehnsucht und gleichzeitig mit Begehren vollgesogen ist, aber auch die Sinneseindrücke von damals wiedergibt, wie der Vers des Dichters, der so lautet: Verde, que te quiero verde. Ich kann dieses Grün nicht wirklich gut beschreiben, aber Veronesergrün kommt ihm am nächsten.«

12. INDIGO

Und während rund um ihn das Gewitter losbrach, ein Gewitter, das schon seit Tagen in der Luft lag, sodass die Luft, der Himmel, die Wolken sich indigoblau verfärbt hatten, lief er aus den Arkaden hinaus und begann im Regen zu tanzen wie ein Verrückter, er packte die Geige und begann Zigeunermusik zu spielen, er tanzte und tanzte, und er sah, dass sich auch seine Beine indigoblau verfärbten und auch die Arme und die Hände, und er tanzte und spielte und fühlte sich wie Paganini, wie ein Büschel Lavendel, wie ein Clown von Fellini, wie eine Aubergine, ein Truthahn, ein Geigenspieler Chagalls. Denn es ist ein unglaubliches Gefühl, wenn man zu Indigoblau wird. Allerdings ist es ganz wenigen vorbehalten.

13. ORANGE

Der Zitronenbaum war grün, und seine Zitronen waren gelb, das war selbstverständlich, aber wenn er ihn tatsächlich als grünen Baum mit gelben Zitronen sehen wollte, musste er seinen Blick auf Orange einstellen. Ihr werdet das merkwürdig finden, Freunde, aber genau das musste er tun. Morgen für Morgen stand er auf und betrachtete seinen Zitronenbaum in der Ferne, aber um ihn zu sehen, musste er denselben Handgriff machen wie jemand, der ein Fernglas an die Augen führt und am Rädchen dreht, um es scharf zu stellen. Nur dass das Rädchen bei seinem imaginären Fernglas auf das Farbenspektrum eingestellt war, und er begann bei Orange. Ausgerechnet bei Orange.

14. ZITRONENGELB

Sie besaß eine Anmut ... ich weiß nicht, wie ich sie dir beschreiben könnte, eine Anmut ... mit einem Wort, eine angeborene Eleganz der Gefühle, der Umgangsformen und eine Sachlichkeit, die einem nur von der höchsten Anmut verliehen wird, eine Anmut ... wie soll ich sie nennen ... eine zitronengelbe Anmut, ja genau.

15. REINES WEISS

»Denn reines Weiß ist nichts anderes als Reinheit und kann auch nur als rein beschrieben werden, und während ich Dir das sage, denke ich an den Schnee am Kilimandscharo oder an die Nächte, die ich in Gedanken an Dich verbracht habe. Und jetzt entschuldige mich, ich muss gehen.«

16. NATÜRLICHE SIENAERDE

Spät, erst sehr spät, im Mittelalter, entdeckte ein Alchimist, dass man aus dem schwefelhaltigen Mineral, das auf den Hängen des Monte Amiata oder in der Erde um Siena vorkommt, jenes Gelb samt seinen Ockernuancen herstellen kann, das die Maler der Antike aus anderen Farben zu mischen versucht hatten. Aber niemand wusste, welchem Alchimisten es gelungen war, die Farbe Sienaerde aus der Erde zu gewinnen.

Der Kupferstecher beugte sich über die Platte, in die er einen Mann eingeritzt hatte. Dieser stand neben einem riesigen Destillierkolben über einem Holzfeuer, und darin köchelte eine Flüssigkeit. Der Kupferstecher ahnte bereits, wie das Bild auf dem Papier aussehen würde, mit der im Dunkeln liegenden Höhle und einem Lichtstrahl, der aus dem Destillierkolben und den Augen des Alchimisten drang. Er überlegte sich, welchen Titel er dem Bild geben sollte. Ganz einfach, sagte er zu sich: »Verwandlung in Gold«. Es konnte gar nicht anders heißen.

17. SAMTSCHWARZ

Das Boot glitt durch die Dunkelheit der Lagune. Die Stadt war zwar da, aber er konnte sie nicht sehen, nicht nur, weil es Nacht war, sondern, weil man ihm die Augen verbunden hatte. Dies war die Bedingung, die der merkwürdige Herr ihm auferlegt hatte und die er erfüllen musste. Er begriff, dass das Boot an einer Mole anlegte. Man nahm ihn an der Hand und führte ihn eine Treppe hinauf. Eine Stimme sagte zu ihm, er solle achtgeben: Wenn man Seidenschuhe trug, waren die Steine rutschig. Als sie am Ende der Treppe angelangt waren, befahl ihm die Stimme, die Binde abzunehmen. In dem Palazzo herrschte absolute Finsternis. Aber er spürte, dass er sich in einem großen Salon befand, denn die Dunkelheit war wie Samt, und er ahnte, dass es hier phantastische Dekorationen und Juwelen zu bewundern gab. Man führte ihn noch immer an der Hand, er musste sich um die eigene Achse drehen. In diesem Augenblick erkannte er die Stimme des geheimnisvollen Herrn, der rief: »Licht!« Eine Fackel wurde angezündet und erhellte mit ihrem Schein die Wände, und endlich trat er aus dem samtigen Schwarz hinaus und sah Tizian.

18. SCHATTENGRAU

Der alte Meister säuberte die Pinsel und steckte sie in das Sake-Gefäß, sodass sie aussahen wie ein Strauß Blumen. Er nahm das noch feuchte Reispapier und befestigte es mit zwei Nadeln am Rahmen des offenen Fensters, wie eine Zeltplane. Die Aussicht änderte sich nicht, allerdings befand sich jetzt vor der natürlichen Landschaft eine zweite, künstliche: im Vordergrund die Bambusstaude im Garten, dahinter die Hänge des Hügels, das Tal mit den Weiden und ganz hinten der kleine See und am Himmel der Herbstnebel, der vom Boden und vom Wasser aufstieg. Auch die Farbe war dieselbe, bloß ein wenig dunkler, als ob es gleich Nacht werden würde: schattiges Grau, entsprechend der Menge des Wassers, in dem er die Farbe aufgelöst hatte. Aber die gemalte Landschaft hatte etwas, das in der echten Landschaft fehlte: eine riesige Heuschrecke mit durchsichtigen Flügeldecken, durch die man den Bambus, den Hügel, das Tal, den See, den Nebel und den Himmel sah. Die Dienerin kam, um ihm zu sagen, dass der Tee fertig sei und das Wasser für das Bad schon kalt werde. Der alte Meister zog den Kimono aus und legte ihn gefaltet auf die Matte, zündete die Votivlampe für seine Toten an und blieb nackt vor seinem Aquarell stehen, um es zu betrachten. Dann nahm er den Tuschpinsel und schrieb rechts oben, wo der Schatten am hellsten war:

> Herbstabend
> Die schwarze Melancholie
> Hat jetzt die Form eines Insekts.

19. GEBRANNTE SIENAERDE

»Andere werden Dir prächtige Geschenke machen, ich schicke Dir dieses einfache Glas Honig, dessen Farbe so intensiv ist wie gebrannte Sienaerde. Er stammt von den Bienen aus den Bergen, wo ich jetzt wohne, und ich stelle ihn selbst her. Damit möchte ich Dir sagen, dass ich beim Gedanken an Dich noch immer große Zärtlichkeit verspüre und auch immer verspüren werde.«

20. ALLE FARBEN

Der Autor dieser Zeilen hielt verblüfft inne, weil er neunzehn Personen erfunden hatte, die sich bei Maria Helena Vieira da Silva für die Farben bedankten, die sie ihnen in ihrem Testament hinterlassen hatte. Für ihn, den Autor dieser Geschichten, war jedoch keine Farbe übrig geblieben. Und er dachte, das sei nicht in Ordnung. Also schrieb er eine kurze Geschichte mit einem Schriftsteller als Hauptfigur, der, nachdem er neunzehn Geschichten über Vieira da Silvas Farben geschrieben hatte, eine Geschichte schrieb, in der er sich aus allen neunzehn Farben Vieira da Silvas einen Cocktail mixte und sich einem ungeheuren Rausch der Synästhesie hingab.

Und in diesem wunderbaren Rausch erlebte er alle Empfindungen und alle Gefühle, die Vieira da Silva mit ihren Farben zum Ausdruck gebracht hatte. Und seine Geschichte war ganz einfach, Sie haben sie eben gelesen.

EINE SCHWIERIGE
ENTSCHEIDUNG

José de Guimarães, *Femme-automobile*, 1987

Frau Multipla Seicento lag flach auf dem Rücken und betrachtete fragend den Arzt, der sie untersuchte. Ihr Mund stand offen, und sie atmete mühevoll. Es war nicht einmal ein Atem, es war ein abgesetztes Röcheln, ein Gurgeln, aufgrund dessen ihr Körper immer wieder erbebte. Sie aktivierte ihre letzten Kräfte und flüsterte: »Bin ich jetzt nur noch Alteisen, Herr Doktor?«

Der Arzt lächelte und antwortete nicht gleich. Er setzte eine nachdenkliche und ernste Miene auf, um seinen Worten mehr Gewicht zu verleihen. »Sofern Sie keine außergewöhnlichen Anstrengungen unternehmen, verehrte Dame, sofern Sie sich mit einem sehr sesshaften Leben begnügen, können Sie noch eine Weile durchhalten«, sagte er.

Frau Multipla verzog den Mund zu einem gezwungenen Lächeln und schloss die Augen. Sie dachte, die Worte von Ärzten seien merkwürdig, reine Euphemismen. Ein sehr sesshaftes Leben. Im Geiste übersetzte sie den Ausdruck in: völlige Unbeweglichkeit. Das hatte der junge Arzt mit dem Gehabe eines Technikers, der ihr Inneres mit seinen diabolischen Instrumenten untersuchte, sagen wollen. Völlige Unbeweglichkeit. Ein Leben als Invalide. Sie, die immer die Familie herumgefahren hatte; sie, die so energisch, geduldig und emsig gewesen war – zur Unbeweglichkeit verdammt, dazu, am Sonntagvormittag ein paar schwerfällige Schritte im Garten zu machen! Und sie dachte an die schönen Zeiten, an ihren verstorbenen Mann, an die sonntäglichen Picknicks auf dem Lande, mit den herumtollenden Kindern, während sie *Only You* sang. Die Reise nach Barcelona fiel ihr ein. Was für Zeiten!

Und wie sich die Zeiten verändert hatten. Man brauchte sich

ja nur umzusehen, einen Blick auf die anderen Damen im Viertel zu werfen. Das alte, traditionelle Viertel war nicht wiederzuerkennen. Vor allem diese Madame Deuxcheveux, die jede Woche eine Versammlung einberief, eine Proletarierin, die sich als Königin gebärdete. Und dann Diane (sie durfte sie so nennen, weil sie sie schon als Kind gekannt hatte), immer die Erste, die Krach schlug, immer in exzentrischem Rot und mit Aufklebern auf den Kleidern. Oder noch schlimmer, Fräulein Golf. Entweder mit tiefem Dekolleté oder übersportiv, nie ein gesunder Mittelweg: als ob sich die Welt in diese beiden Kategorien einteilen ließe. Oder Doña Ibiza, diese Spanierin, so anmutig, so *solero*, die aus irgendeinem einsamen Dorf in der Mancha stammte und so tat, als besäße sie eine Villa auf den Balearen. Ganz zu schweigen von den Reichen, die noch schlimmer waren. Zum Beispiel Lady Mercedes, immer dunkel gekleidet, immer mit einem Kavalier in Uniform, der sie herumkutschierte und vor den Boutiquen wartete, während sie einkaufte. Und Frau Ferrari, so auffällig, mit schriller Stimme. Und Frau Thema, mit der ausladenden Vorderfront. Und, *dulcis in fundo,* die High Society: Gräfin Giulietta-Romeo zum Beispiel, so arrogant, weil ein englischer Regisseur vor ein paar Jahrhunderten einmal von ihr gesprochen hatte.

Frau Multipla seufzte aufs Neue. Es war ein tiefes, rostiges und entschiedenes Seufzen. »Ich bitte Sie um die Euthanasie, Herr Doktor«, sagte sie überzeugt. Sie hatte das Gefühl, dass die Welt vulgär, präpotent, laut und aggressiv war. »Sollen die anderen sich doch auf den schrecklichen Autobahnen umbringen«, dachte sie, »sollen sie drängeln und in den Stoßzeiten auffahren!« Der Tod war ihr egal.

Der Arzt zog entschlossen die Sicherungen heraus. Frau Multipla bebte, aus ihrer Gurgel entwich ein Ton wie aus einer alten Trompete, und ihr Herz hörte auf zu schlagen.

DIE FRAU-MIT-HUT

Asiatischer Hut aus der Sammlung von Ioanna Koutsoudaki

— Guten Tag, sagte die Frau-mit-Hut, entschuldigen Sie die Störung, wir müssen nach Buchara fahren, doch der Chauffeur hat sich verirrt, der Chauffeur sagt, er darf Sie nicht ansprechen, das wäre falsch, deshalb muss ich Sie fragen, obwohl Sie meine Sprache nicht verstehen, tut mir leid.

Die Frau-am-Webstuhl lächelte breit, stand vom Webstuhl auf und blies auf das Feuer im Kohlebecken, das neben der Haustür stand. Die Frau-mit-Hut drehte sich zum Taxichauffeur um und deutete eine Geste an, wie um zu sagen: Jetzt sind Sie dran, übersetzen Sie.

Der Chauffeur hatte das Fenster des Taxis heruntergekurbelt, streckte einen Ellbogen hinaus und betrachtete den Himmel, als müsse er mit den Wolken sprechen. Es war ein tiefblauer Himmel, an dem weiße Wolken dahinjagten, getrieben vom Wind. Auch die riesige Ebene mit den Weizenfeldern wurde vom Wind gepeitscht, der Weizen war reif und die Ähren neigten sich und richteten sich wieder auf wie die Wellen eines goldenen Meeres, das gegen das Blau des Horizonts schlug. Es war Juni und es war heiß. Die Frau-am-Webstuhl ging zum Webstuhl zurück, lächelte aufs Neue und er antwortete ihr in ihrer unverständlichen Sprache, einer Sprache, die einer Tonleiter aus kurzen und langen Tönen entsprach, das Timbre wurde plötzlich hoch und laut und senkte sich dann wieder wie eine Melodie. Sie sprach lange, dann konzentrierte sie sich wieder auf den Webstuhl.

Die Frau-mit-Hut blickte wieder den Taxifahrer an.

— Wissen Sie jetzt, welche Straße wir nehmen müssen?

— Sie hat dich gefragt, woher du kommst, antwortete der Mann und blickte noch immer in die Luft.

— Nur das?, fragte die Frau-mit-Hut, sie hat so lange gebraucht, nur um mich zu fragen, woher ich komme?

— Sie hat dich gefragt, warum du Englisch mit ihr sprichst, obwohl du keine Engländerin bist, warum du nicht in deiner Sprache mit ihr sprichst.

— Und woher weiß sie, dass ich Englisch spreche, wenn sie doch kein Englisch versteht?, fragte die Frau-mit-Hut.

— Weil sie Englisch erkennt, auch wenn sie es nicht versteht, sie erkennt es am Klang, antwortete der Fahrer, die Engländer erteilen Befehle, selbst wenn sie um einen Gefallen bitten.

Die Frau-mit-Hut betrachtete belustigt die Frau-am-Webstuhl.

— Ich bin Griechin, sagte sie auf Englisch, weiß sie, wo Griechenland liegt? Und sie wartete, bis der Chauffeur die Antwort der Frau-am Webstuhl übersetzt hatte.

— Sie fragt dich, ob du zum Mittagessen bleiben willst, antwortete der Fahrer, sie hat das Kohlebecken angemacht, um Würste aus Ziegenfleisch mit Wildkräutern zu braten, denn heute kommen ihre Enkel zu Besuch.

— Aber sie hat mich gefragt, woher ich komme, antwortete die Frau-mit-Hut.

Der Fahrer setzte einen herablassenden Blick auf, wie bei einem lästigen Kind. — Das ist eine Frau vom Land, sie ist nicht aus Samarkand wie ich, woher soll sie wissen, wo Griechenland liegt.

Er seufzte und zündete ruhig eine winzige Tonpfeife an. — Ich habe ihr gesagt, du bist keine Engländerin, das reicht, und außerdem ... Madame, bei uns lädt man in erster Linie zum Essen ein, vor allem auf dem Land, das ist ganz wesentlich, das steht auch in deinem Reiseführer, während ich gefahren bin, hast du nur in deinem Führer gelesen, anstatt die Landschaft zu genießen, ist dir dieses wichtige Detail vielleicht entgangen?

— Das stimmt nicht, protestierte die Frau-mit-Hut, ich habe nichts anderes getan, als die Landschaft zu betrachten, sie ist wunderschön.

— Deshalb ist dir dieses wesentliche Detail entgangen, Madame, erwiderte der Fahrer, du hast nämlich deinen Führer nicht gelesen, wenn man in ein Land fährt, das man nicht kennt, muss man wenigstens einen Reiseführer lesen.

— Schon gut, gab die Frau-mit-Hut zu, aber warum hat sie nur mich eingeladen? Warum hat sie nicht auch Sie eingeladen?

— Eine Frau darf einen Mann nicht einladen, antwortete der Chauffeur, mit den Augen zum Himmel, das wäre nicht richtig, der Mann muss die Frau einladen, aber zuerst muss er ihre Eltern um Erlaubnis fragen, aber wie sollte ich das tun, du siehst doch, sie ist alt, ihre Eltern sind seit geraumer Zeit tot, das versteht sogar ein Kind.

— Ach, sagte die Frau-mit-Hut, das war mir nicht bewusst, aber Sie könnten ihr zumindest sagen, dass ich aus Griechenland beziehungsweise aus Kreta bin.

— Ich glaube, das bringt nichts, erwiderte der Fahrer, ich habe ihr gesagt, du bist keine Engländerin, das reicht.

— Aber haben Sie sie nicht nach dem Weg gefragt?, fragte die Frau-mit-Hut.

— Wir bleiben lieber noch einmal stehen und fragen wen anderen, sagte der Fahrer, die da weiß es nicht, sie ist viel zu bäuerlich.

— Fragen Sie sie trotzdem, sagte die Frau-mit-Hut, Sie sind doch extra stehen geblieben, um nach dem Weg zu fragen.

— Kein Grund, wütend zu werden, sagte der Chauffeur.

— Ich bin nicht wütend, sagte die Frau-mit-Hut, ich bitte Sie nur um den Gefallen, sich nach dem Weg nach Buchara zu erkundigen, aus diesem Grund sind Sie ja vor diesem Haus stehen geblieben.

Der Fahrer seufzte aufs Neue. — Ist gut, sagte er dann, wenn Sie darauf bestehen.

Er sprach mit der Frau-am-Webstuhl und betrachtete dabei den Horizont. Es folgte ein langes Gespräch, er betrachtete den Himmel, die Frau den Webstuhl. Dann verstummte sie. Ein, zwei Minuten vergingen.

Die Frau-mit-Hut warf dem Fahrer einen fragenden Blick zu, aber er betrachtete den Himmel. Da schaute sie die Frau-am-Webstuhl an, die den Blick von dem Teppich hob, den sie webte, und sie breit angrinste.

— Wissen Sie jetzt, welche Straße wir nehmen müssen?, fragte sie den Chauffeur.

— Nein, antwortete der Fahrer, sie hat mich gefragt, ob du zum Mittagessen bleiben willst, heute kommen ihre Enkel und sie brät Würste aus Ziegenfleisch, aber ich habe zu ihr gesagt, wir können nicht zum Mittagessen bleiben, denn wir müssen nach Buchara fahren, um einen Teppich zu kaufen.

— Ich will aber zum Mittagessen bleiben, sagte die Frau-mit-Hut, ich habe es mir anders überlegt und will zum Mittagessen bleiben. Vielleicht kaufe ich sogar den Teppich, den sie webt, er ist so gut wie fertig, den und vielleicht auch noch andere, die sie im Haus hat, sagen Sie ihr bitte, dass ich diesen Teppich oder einen anderen, den sie im Haus hat, kaufen möchte und dass ich ihre freundliche Einladung zum Mittagessen annehme.

Aufs Neue begann ein langes Gespräch zwischen dem Fahrer und der Frau-am-Webstuhl, die den Blick nicht von dem Teppich hob, den sie webte, während die Frau-mit-Hut geduldig wartete. Langsam wurde sie müde, und sie setzte sich, ohne um Erlaubnis zu fragen, auf einen Holzschemel neben dem Kohlebecken. In der Sonne war es heiß, doch der Wind, der von den Bergen kam, war kühl, ihre Wangen brannten, und ihre Füße waren eiskalt.

— Die Frau bedauert, sagte der Fahrer schließlich, doch sie verkauft den Teppich nicht, sie hat nie Teppiche verkauft, und die Teppiche, die sie im Haus hat, kann sie nicht verkaufen, weil sie nicht ihr gehören, diesen webt sie für ihren Enkel, der nächsten Monat heiratet, das ist ihr Hochzeitsgeschenk, sie kann dir ja nicht ein Hochzeitsgeschenk verkaufen, sie verkauft absolut nichts, aber sie freut sich, dass du zum Mittagessen bleibst, denn heute kommen ihre Enkel, um Verlobung zu feiern, und sie bringen auch zwei Musiker mit, und nach dem Essen wird ihr Enkel den traditionellen Tanz vorführen, und wir werden einen Kreis um ihn bilden, und ich darf auch zum Essen bleiben, weil du mich eingeladen hast, die Würste aus Ziegenfleisch mit Wildkräutern sind sehr gut, und es wird ein schönes Fest, ihr Enkel ist Züchter, er ist zwanzig Jahre alt und tanzt sehr gut, er kennt die alten Lieder, er ist Dichter, und er nimmt zwei noch unverheiratete Cousinen mit, eine ist siebzehn und die andere neunzehn, aber sie sind nicht aus Samarkand.

— Ach, ich glaube auch, dass es ein schönes Fest wird, sagte die Frau-mit-Hut, ich bin sehr neugierig. Aber ich habe Sie nicht zum Mittagessen eingeladen, die Dame hat mich zum Mittagessen eingeladen.

— Aber wenn du ihr sagst, du hättest mich eingeladen, weil sie dich eingeladen hat, ist es, als ob sie mich eingeladen hätte, das ist so üblich bei uns auf dem Land, vielleicht steht das auch in deinem Führer, aber das kannst du nicht wissen, weil du die ganze Zeit die Landschaft betrachtet hast, anstatt den Führer zu lesen. Aber das ist kein Problem, das wahre Problem …

Der Chauffeur schwieg mit geheimnisvoller Miene.

— Das wahre Problem? Was ist das Problem?, fragte die Frau-mit-Hut.

— Das Problem ist dein Hut, antwortete der Fahrer, es wird einen traditionellen Tanz geben, das ist eine Zeremonie, alle werden die traditionelle Tracht tragen, ich kann die Tracht tragen, die dem Vater dieser Frau gehörte, denn es wäre ungezogen, dieses Angebot nicht anzunehmen, du kannst jedoch keine traditionelle Tracht anziehen, weil das mit dem Hut auf deinem Kopf nicht geht, mit so einem Hut kannst du keinen Kreis bilden, und du kannst auch nicht mit unbedeckten Haaren an der Zeremonie teilnehmen, in dieser Gegend ist der traditionelle Hut bei einer Zeremonie unumgänglich, und dein Hut ... er passt nicht zu dieser Zeremonie ... er wäre ein wenig ... ein wenig lächerlich.

— Ich weiß nicht, warum mein Hut lächerlich sein sollte, sagte die Frau-mit-Hut, er schützt mich vor der Sonne, er ist aus Panamazwirn, er hat die Farbe eurer Ebenen, und die kleine Blume am Band ist eine frisch gepflückte Margerite.

— Sicher, antwortete der Fahrer, er ist hübsch, aber er passt nicht zur Zeremonie, doch die Frau kann dir einen traditionellen Hut borgen, geh mit ihr ins Haus. Entschuldige, wo hast du diesen Hut gekauft?

— In London, antwortete die Frau-mit Hut.

Zum ersten Mal sah der Chauffeur die Frau-am-Webstuhl an und sagte zu ihr:

— London! Und beide begannen zu lachen.

Die Frau-am-Webstuhl war aufgestanden, an die Tür getreten und machte ihr ein Zeichen, hereinzukommen.

Beim Hinausgehen hielt die Frau-mit-Hut ihren Hut in der Hand; auf dem Kopf trug sie einen anderen Hut, einen sehr bunten Hut mit baumelnden Perlenschnüren, die bis zur Stirn reichten. Der Fahrer machte ein Foto. Die Frau-mit-Hut, mit ihrem Hut in der Hand und dem usbekischen Hut auf dem Kopf, hatte gerade genug Zeit, um verlegen zu lächeln.

— Sagen Sie ihr, wenn ich keinen Teppich kaufen kann, dann möchte ich wenigstens den Hut kaufen, sagte die Dame mit dem Hut in der Hand und dem usbekischen Hut auf dem Kopf zum Fahrer.

Der Fahrer verlor die Fassung, schlug mit der Hand auf das Lenkrad, sodass die Hupe ertönte, und begann herzhaft zu lachen. — Madame, sagte er, hast du nicht in deinem Führer gelesen, du hast keine Ahnung von diesem Dorf, diese Frau ist eine Bäuerin, sie ist keine aus Samarkand, sie verkauft nichts, weil sie gar nicht weiß, was Geld ist, aber im Tausch gegen deinen Hut, den sie sehr komisch findet, gibt sie dir sogar zwei Hüte, kennst du jemanden auf Kreta, der gerne auch so einen Hut hätte?

— A sister, stammelte die Dame. I have a sister. Dann blätterte sie schnell in dem Usbekisch-Wörterbuch, das sie bei sich hatte, und flüsterte in dieser Sprache: — Schwester.

— Juhu!, schrie der Fahrer, du hast heute zwei Hüte bekommen, ich gehe im Nachbardorf ins Gasthaus essen, denn ich bin nicht eingeladen, komme jedoch zum Tanz zurück, da wird es auch was Gutes zu trinken geben.

Und er sauste in einer Staubwolke davon.

EIN *CURANDEIRO* IN DER STADT
AUF DEM WASSER

Júlio Pomar, *The Barrister (O Avogado)*, 1999

War es eine Melodie? Oder ein Traum? Da war was hinter den Glasscheiben. Er öffnete das Fenster. Es war der Schirokko, und die Wolken rasten in die Abgründe des Himmels, sammelten sich am Horizont in der silbrigen Helligkeit des Morgengrauens.

In dieser Nacht hatte er von einem Snark geträumt. Das war kein Tier, auch kein tier- oder menschenähnliches Wesen, es war alles und nichts: reine Immanenz, wie die schreckliche Präsenz von etwas Unsichtbarem. Man spürte sie. Und er hatte sie »gespürt«. Und er ahnte, dass nur wenige Menschen sie spüren können, dass man sie jedoch keinesfalls verstehen konnte. Ihm fiel ein Satz (oder war es ein Gedicht?) ein: »Für den Verstehenden ist großer Wahn Weisheit; große Weisheit hingegen ist reiner Wahn, und dabei sticht die Mehrheit wie bei allem anderen hervor.« Und dann dachte er: Total verrückt. Aber wer war total verrückt, vielleicht er selbst? Nein, er fühlte sich alt, nicht mehr und nicht weniger. Er betrachtete sich im Spiegel: »tla tsib ud, rebeil niem, tla thcin hcid tslhüf ud.«

Der Spiegel hatte ihm noch nie geantwortet, obwohl er seit mehr als sechzig Jahren das merkwürdige Wesen kannte, das ihm glich, jedoch sein verkehrtes Ich war: Die Achse verdreht das Bild, und was in Wirklichkeit links ist, scheint rechts zu sein und umgekehrt. Und was für eine Sprache sprach der Spiegel? War das vielleicht das Idiom eines fernen Planeten?

Außerdem war es heiß. Eine mörderische Hitze und zusätzlich ein blendendes Licht: ein viel zu grelles, unnatürliches Licht wie auf einem überbelichteten Foto. Er ging zum Fenster. Es war fast unmöglich, hinauszusehen. Er griff sich mit der Hand an die Stirn wie an die Krempe eines Hutes. Am Ende der Straße warteten zwei Menschen auf die Straßenbahn, aber der Stromabnehmer war aus der Oberleitung gesprungen, und der Fahrer versuchte, ihn mithilfe eines langen Stockes wieder zu befestigen. Doch er bewegte sich weder vor noch zurück, er war unbeweglich wie das Einzelbild eines plötzlich angehaltenen Films. Und auch die beiden wartenden Passagiere unter dem Dach der Haltestelle waren unbeweglich, verharrten in einer Starre, die ihm ewig erschien.

Er betrachtete den Tabakladen auf der anderen Straßenseite, und genau in diesem Augenblick kam jemand heraus, und ihm war, als hätte diese Person schon im Voraus gewusst, dass er am Fenster stand, denn sie hatte bereits die Hand zum Gruß erhoben. Beziehungsweise: Der Mann, der drauf und dran war, den Tabakladen zu verlassen, grüßte ihn bereits, noch bevor er ans Fenster getreten war. Wie merkwürdig. Ach, er kannte ihn ja, es war Esteves. Er erwiderte den Gruß, doch Esteves rührte sich nicht, er blieb mit erhobenem Arm und offener Hand stehen, eine ferne und endgültige Geste.

Instinktiv zog er sich vom Fenster zurück. Was war da los? Er überlegte sich, ob er Ferruccio anrufen sollte, und ging ins Wohnzimmer. Er wählte seine Nummer, und eine weibliche Automatenstimme sagte: »Tut uns leid, diese Nummer existiert leider nicht mehr, aber Sie können gerne eine Nachricht hinterlassen.«

Offensichtlich hatte er die falsche Nummer gewählt. Sehr komisch, dachte er, die Welt ist voller Idioten. Er wählte die Nummer nochmals und diesmal mit größerer Sorgfalt. Dieselbe künstliche Stimme sagte: »Die Person, die Sie sprechen möchten, ist abgehauen. Hinterlassen Sie eine Nachricht, wenn Sie möchten, Sie haben die ganze Ewigkeit zur Verfügung.« Er legte schnell auf. Er stellte fest, dass er schweißnass war. Er zögerte. Was für ein dummer Streich war das denn? Er wählte aufs Neue. Diesmal sagte die Stimme in einem Ton, der keinen Widerspruch duldete: »Puh, Sie sind wirklich eine Nervensäge. Entscheiden Sie sich, möchten Sie eine Nachricht hinterlassen oder nicht?« Er legte auf. Sein Hemd war klatschnass. Er dachte: »Unmöglich, das ist unmöglich.« Er wählte die Nummer aufs Neue. »Mein Herr«, sagte dieselbe Stimme, »auch die Geduld einer Maschine hat ihre Grenzen, hinterlassen Sie jetzt Ihre verdammte Nachricht oder nicht?«

»Ich hinterlasse eine Nachricht«, antwortete er instinktiv, ohne sich bewusst zu sein, dass das absurd war.

»Also entscheiden Sie sich«, sagte die Stimme des Anrufbeantworters.

»Hören Sie ...«, sagte er und wusste nicht, wie er es ausdrücken sollte, »hören Sie ... sagen Sie Ferruccio ... also ... gestern habe ich ... in meinem Briefkasten ... einen handgeschriebenen Brief mit einer kindlichen Schrift gefunden, ich weiß nicht, wie ich sagen soll ... also ... etwas hat mich durcheinandergebracht, und ich will nicht ausschließen, dass der Albtraum, den ich letzte Nacht hatte, von diesem Brief ausgelöst wurde ... beziehungsweise bin ich mir nahezu sicher, dass der Brief mir den Albtraum beschert hat ... aber ... aber ich möchte Ferruccio von meinem Traum erzählen.«

»Was stand denn in dem Brief?«, fragte die Stimme.

»Einen Augenblick«, sagte er, »er war auf Spanisch, er liegt hier auf meinem Schreibtisch, der erste Teil ist in Großbuchstaben geschrieben, wie die Schlagzeilen einer Zeitung, wie der Titel eines Artikels.«

»Lesen Sie ihn mir vor«, forderte die Stimme auf.

Er las: »*Testimonio verdadero que nadie quiere creer de la Hermana Consuelo de los Dolores y de todas las Desgracias de este*

Mundo, que asistió el Papa Luciani al render el alma.«[1] Er machte eine Pause. »An dieser Stelle ist ein Sternchen, das auf eine Fußnote verweist.«

»Lesen Sie die Fußnote«, sagte die Stimme.

Er las: »*La Hermana Consuelo fue atropellada en frente de la iglesia del Sagrado Corazón en Roma por un pirata del asfalto que nunca fue atrapado, a murió istantaneamente.*«[2]

»Logisch«, sagte die Stimme, »und jetzt lesen Sie auch noch den Rest des Briefes vor.«

Er las: »*El inclinó duclemente la cabeza en la almohada, parpedeó como lo hacía Liz Taylor en la película Lassie y dijo: hermana, oye, en el último instante de mi vida esperava ver la imagen luminosa de Nuestra Señora de Pompei o de Fátima, y sin embargo estoy viendo el Snark, no hay duda, hermana, todo es de una esnarquidad absoluta, una especie de embotellamento, el casos primordial, como un Alzheimer infinito ... Ustedes están perdidos, hermanita. Y se murió.*«[3]

»Logisch«, sagte die Stimme des Anrufbeantworters, »alles sehr logisch. Er hatte über himmlische Kanäle erfahren, dass

---

1 Wahrhaftige Zeugenaussage (der jedoch niemand glauben will) von Schwester Consuelo-aller-Schmerzen-und-Unglücksfälle-dieser Welt, die Papst Luciani beistand, als er seine Seele in die Hände des Herrn legte. (Anm. d. H.)

2 Schwester Consuelo wurde in Rom vor der Kirche Sacro Cuore von einem Straßenrowdy niedergefahren, der Fahrerflucht beging, und ist auf der Stelle gestorben. (Anm. d. H.)

3 Er legte sanft den Kopf auf das Kissen, klimperte mit den Wimpern wie Liz Taylor im Film *Lassie* und sagte: Schwester, hör zu, ich hoffte, im letzten Augenblick meines Lebens das strahlende Bild Unserer Lieben Frau von Pompeji oder von Fatima zu sehen, doch stattdessen sehe ich den Snark, kein Zweifel, Schwester, alles ist von einer absoluten Snarkität durchdrungen, einer Art Stau, dem ursprünglichen Chaos, einer Art ewigem Alzheimer ... du bist erledigt, Schwester. Und starb. (Anm. d. H.)

die Welt Snark ausgeliefert werden sollte, und deshalb haben sie ihn plattgemacht ... zack, verstehen Sie?«

»Ich verstehe nur Bahnhof«, antwortete er, »auch ich habe heute Nacht von Snark geträumt und bin sehr durcheinander. Aber was ist Snark, wissen Sie das?«

»Das, was im Augenblick in den Adern der Geschichte rinnt«, antwortete die Stimme. »Aber wollten Sie mir nicht Ihren Traum erzählen?«

»Gewiss«, sagte er, »aber unterbrechen Sie mich bitte nicht, es ist ohnehin so schwierig, Träume zu erzählen.«

»Versprochen«, sagte die Stimme.

Er begann zu erzählen.

»Einer Sache bin ich mir sicher; dass ich die anderen zwar sehen konnte, sie mich jedoch nicht sahen. Etwas schützte mich vor ihrem Blick, eine Art seltsamer Filter, der mich abschirmte. Dennoch hatte ich das Gefühl, dem hellen Sonnenlicht ausgesetzt zu sein, wie wenn man im Theater in der ersten Reihe sitzt. Und von dieser ersten Reihe aus konnte ich sie beobachten. Ihre Gesten waren eindeutig erkennbar, und ich konnte auch den Geruch ihrer Körper riechen. Es war ein schwerer, süßlicher Geruch, den ich schon einmal in einem mittlerweile lange zurückliegenden Jahr wahrgenommen hatte, als ich in einem Leichenschauhaus in einer kleinen Stadt in einem fremden Land den Leichnam eines Freundes identifizieren musste, den die Polizei auf dem Gewissen hatte. Es war ein Spektakel, dessen war ich mir sicher. Aber dieses Spektakel wurde in seiner ganzen nackten Wahrheit inszeniert, und deshalb war es wahrer als wahr. Die Szene spielte sich in den Docks einer Hafenstadt am Mittelmeer ab, am Himmel stand eine südliche Sonne, sie tauchte die Szene in grelles Licht, wie ein mit Blitzlicht aufgenommenes Foto. An der Mole lag ein Schiff aus Eisen, sicher ein Kriegsschiff, geheimnisvoll und bedrohlich wie der Panzerkreuzer in einem sehr alten Film. Es war mit Kanonen ausgerüstet, eine dreifarbige Fahne flatterte im Wind. Die Unruhe hatte von mir Besitz ergriffen. Ich spürte, gleich würde etwas Unheilvolles passieren. Und ich spürte auch, dass das Ganze nicht real war, es war das Ergebnis meiner im Traum entfesselten Phantasie. Ich fragte mich: Warum wollen sie, dass ich diesen Traum träume? Wer zwingt mich zu träumen? Ich sagte mir außerdem: Du musst aufwachen, du darfst nicht zulassen, dass man dich zwingt, einen Traum zu träumen, den du nicht träumen willst, sie haben sich in deine Seele eingeschlichen, wollen sich deiner bemächtigen. Auf der Mole, die ich von meinem kleinen Fenster aus sah, während ich gemütlich auf meinem Stuhl im Schutz vor neugierigen Blicken saß, tauchte plötzlich das Gesicht eines Mannes mit triumphierender Miene auf. Eine ölige Flüssigkeit tropfte aus seinen spärlichen Haaren und lief über seine Wangen, sie glänzte unter den Strahlen einer möglicherweise künstlichen Sonne. ›Guten Abend‹, sagte er mit süßlicher Stimme, ›ich bin Doktor Melanom, der Nachbar von nebenan, jeder meiner Dienste ist ein Dienst am Dienst, so nenne ich mich gerne aufgrund meiner sarkomatösen Beschaffenheit, zu der mich meine Natur als Offiziant dieser feierlichen Zusammenkunft bestimmt, bei der über das Schicksal unseres Dorfes entschieden wird. Der Ziegengott, dessen bescheidene Diener wir sind, versammelt hier die Massen seiner Verehrer. Die Prozession möge beginnen!‹ In diesem Augenblick erklang die Melodie einer Kriegshymne. Ein großer Chor, ein Stimmengewirr, begleitete die pompöse Musik. Aber es war unmöglich, alle Worte eindeutig zu verstehen. Man hörte nur einzelne Wortfetzen hier und dort, vereinzelte Syntagmen einer Litanei: ›Krieg, Krieg, Krieg.‹ Und dann weitere geflüsterte Worte, geflügelte Silben, unvollständige, abgetrennte Silben: ›Amputierte Glieder – hahaha – zerfetzte Körper – zerquetschte Köpfe – hahaha –

Blut, Blut, Blut.‹ Die Prozession erreichte das Ende der Mole. Sie wurde von einer unheimlichen Gestalt angeführt, deren Anblick furchterregend war. Ein fetter Mann mit zerzausten Haaren und roten Backen. Sein riesiger Bauch reichte bis zu den Leisten, die auf einem kleinen Holzbrett ruhten, unter dem man vier kleine Räder angebracht hatte. Dieser Tisch war sein Fortbewegungsmittel, der Fettwanst lenkte es und manövrierte, indem er sich mit der Hand vom Boden abstieß. Auf seinem zusammengebastelten Wägelchen flatterte eine Fahne mit der Aufschrift: *Die Kämpfenden und die Veteranen der Kulturkriege.*

Mein Gruppenführer zog eine Fahne mit Sternen aus der Tasche, wickelte damit den fetten Invaliden ein und schrie: ›Vorwärts, Helden, für den Sternenstaub! Es lebe der Trash!‹ Ihm folgte eine weibliche Figur, die wie eine Erinnye kreischte: ›Ich bin seine Frau! Seine Frau! Wir haben den Italienern mithilfe des Fernsehens beigebracht, wie man vögelt!‹ Langsam wurde mir angst und bang. Und in diesem Augenblick setzte laute Musik ein; ein kleines Blasorchester hinter ihm stimmte einen berühmten Swing an: *Stardust.* Ich schaute genauer hin. Die Musiker schienen einem schauerlichen Grimm-Märchen entsprungen zu sein, sie sahen aus wie zerlumpte Banditen. Der Trompetenspieler war ein langer, hagerer Mensch, wenn er beim Blasen eine Pause machte, flüsterte er dem fetten Krüppel zu: ›Du bist der Intelligenteste, deshalb sind wir Wappler-Demokraten auf deiner Seite.‹ Die anderen Instrumentalmusiker, die Flöte, Klarinette, Horn und Trompete spielten, hatten allesamt Orden auf der Brust und Schilder am Hals, die auf ihre hohen Ämter hinwiesen. Ein Typ mit arroganter Miene und eiskaltem Blick, der einen sehr eleganten Anzug trug, löste sich von der Gruppe. Er ging zu einem Mann in einem schwarzen Ledermantel. In der Hand hielt er eine Pistole und eine Rolle Dollarscheine, und er beobachtete sie von der rechten Seite der Mole aus. ›Ich habe Ihnen die Fahndungsfotos von all jenen gebracht, die auf der Seite des Feindes stehen‹, sagte der Mann im eleganten grauen Anzug spöttisch, endlich ist dieses Land in der Lage, die Verräter anzuzeigen. Immerhin gibt es jemanden, der die Klagen bezahlt.‹ Dann wandte er sich in Richtung meines Beobachtungspostens, einen Augenblick lang dachte ich, er meinte mich, er habe mich entdeckt, doch wahrscheinlich wandte er sich an sein Publikum. In metallischem Tonfall skandierte seine Stimme Sätze mit einfacher Syntax. ›Wenn du mich erkannt hättest‹, flüsterte er und sprach meinen Namen sorgfältig aus, ›wäre es durchaus möglich, dass du mal Besuch in deiner Wohnung bekommst, ein paar Gramm weißes Pulver, von unseren braven Polizisten verstreut, werden sich schon finden, schreib du deine Romane und basta, wenn du dich benimmst, werden wir tolerant sein.‹ Ihm folgten weitere kleine Männer im Zweireiher. Sie blickten drohend und streckten den Arm aus, auf die offene Handfläche war mit Tinte geschrieben: ›Minister der Wappler-Republik‹. Erst in diesem Augenblick fiel mir auf, dass alle Teilnehmer der Prozession Prothesen, Holzbeine und Metallarme, hatten. Mit künstlichen Gliedern aus funkelndem Stahl fuchtelten sie in der Luft herum. Jeder trug auf dem Revers ein Schild mit der Aufschrift *Veteranen der Kulturkriege*, während ein gutmütiger, wie ein Messdiener gekleideter Greis sie mit dem Weihwedel segnete. Und in diesem Augenblick schrie das amputierte Glied des Fettwanstes: ›Der Hexensabbat möge beginnen! Gott rette die Kultur, die Kultur, die wir in all diesen Jahren der Welt auferlegt hatten, unsere Kultur, die wahre Kultur, der zuliebe unsere Dienste sich auf Kosten des Lebens anderer betätigt haben, jener, die wir zum Glück in den Stadien in Chile eingesperrt haben und aus dem Flugzeug in die Meere Argentiniens gestoßen haben! Es lebe Snark!‹«

»Die Musik wurde lauter, frenetisch. Der Zug der Hinkenden, der armen Veteranen aus vielen Schlachten, die viele Jahre in Not und Elend gelebt haben, tobte sich endlich in einem Veitstanz aus, der von der panischen Euphorie derer beseelt wurde, die zur Kenntnis nahmen, dass sie noch lebten, dass noch kräftiges Blut durch ihre Prothesen floss. Und während der Sabbat in einem Pandämonium schreiender Stimmen und sich windender Körper den Höhepunkt erreichte, bellte ein Hund wütend in der Dunkelheit, die sich auf die Szene gesenkt hatte, aber vor allem durchbohrte die krächzende Stimme einer Hexe mit runzligem Antlitz mein Trommelfell, und ich ließ zu, dass sie jubilierend schrie: ›Abgesehen davon, umarmen wir ihn, abgesehen davon, umarmen wir ihn!‹ Der Ekel war mächtiger als der Traum, ich fuhr hoch und wachte auf. Es war tiefe Nacht, und der Fernsehbildschirm flimmerte wie immer nach Sendeschluss.«

Am anderen Ende der Leitung herrschte Stille. Er dachte, die Verbindung sei abgebrochen. »Haben Sie mich gehört?«, fragte er.

»Ich habe gehört«, sagte die Stimme. »Sie leiden, wie Ihr Freund Ferruccio. Auch Sie brauchen einen *curandeiro,* Ihr Freund sucht ihn, doch gute *curandeiros* sind selten, sehr selten. Auf jeden Fall haben Sie Glück, in dem Leben, in dem Sie sich gerade befinden, gibt es einen großartigen *curandeiro,* der Ihre Unruhe aufsaugen kann, ich weiß alles, vertrauen Sie mir.«

»Wer sind Sie eigentlich?«

»Hören Sie«, sagte die Stimme in vertraulichem Ton, »ich habe viele Namen, heute heiße ich Unbewusstes, aber ich bin mir bewusst, hahaha, die Antiken nannten mich Pythia, Sie können mich aber auch Pizzi-Pazio nennen, das macht mir nichts aus.«

»Pizzi-Pazio?«, wiederholte er.

»Ja, ein *petit-nom* für die Freunde, aber das bleibt unter uns.«

»Selbstverständlich, Frau Pizzi-Pazio«, sagte er, »aber wie finde ich meinen *curandeiro*?«

»Ich führe Sie hin, von hier aus, von meinem *Anywhere out of the world*«, sagte die Stimme, »Sie müssen sich darauf beschränken, der Poesie zu folgen.«

»Ich verstehe nicht«, sagte er.

»Strengen Sie sich ein wenig an«, sagte die Stimme, »dieses Gedicht hat Ihnen immer sehr gefallen, erinnern Sie sich? ... *Cette ville est au bord de l'eau; on dit qu'elle est bâtie en marbre ... voilà un paysage selon ton goût, un paysage fait avec la lumière e le minéral, et le liquide pour les réfléchir* ... Diese Stadt liegt am Wasser, angeblich ist sie aus Marmor ... da ist eine Landschaft nach deinem Geschmack, eine Landschaft aus Licht und Mineral und dem Wasser, um sie zu reflektieren. Nun, gehen Sie an diesen alten Gebäuden entlang, unter den Torbögen, wo die Kolonialherren ihre Geschäfte abgewickelt haben, wo beim Einlaufen der Segelschiffe Durcheinander herrschte und bei der Abreise Melancholie ... Gehen Sie auf der Flusspromenade in Richtung Mündung, Sie werden sehen, es ist nicht schwierig, Sie werden zu einem modernen Tempel gelangen, in den sich die überlebenden Musen geflüchtet haben. Dort treten Sie ein, schauen Sie, genießen Sie das, was Sie sehen, denn jemand hat es am eigenen Leib erlitten, damit Sie es genießen können. Und damit verabschiede ich mich von Ihnen, lassen Sie es sich gutgehen.«

Es entstand eine kurze Pause, und dann sagte dieselbe Stimme ohne Vertraulichkeit, in anonymem Tonfall: »Um die Aufnahme abzubrechen, drücken Sie die Raute-Taste oder legen Sie auf.«

Er legte auf und ging. Es war Mittag und das Sonnenlicht blendete.

KLEINE ARIEN

BENJAMIN

DOKTOR PEREIRA IST DA

Giancarlo Vitali, *Ritratto di Pereira*, 1996

Gestern Vormittag hat mir Doktor Pereira wieder einmal einen Besuch abgestattet. Der Briefträger hat ihn zu meiner Lissaboner Adresse gebracht. Ahnungslos habe ich das große gelbe Kuvert geöffnet, in dem sich, wie ich ahnte, eine Mappe befand, und habe ihn an einem Tisch im Café Orquídea überrascht, wo er gerade seine Limonade trank. Auch er sah mich an, überrascht, dass ich ihn ansah. Er hatte die Krawatte gelockert, das Sakko über die Stuhllehne gehängt, und aus seiner Tasche lugte die *Lisboa*, er hielt einen Löffel auf halber Höhe, als hätte er in dem Augenblick, in dem er feststellte, dass ihn jemand ansah, aufgehört, die Limonade umzurühren. Er blickte mich über den Rand der Brille mit den runden Brillengläsern, die aussieht wie meine, an, mit gerunzelter Stirn, mit dem Blick von jemandem, der fragt: »Was gibt es da zu sehen?« Am liebsten hätte ich ihm geantwortet: »Sie haben mich doch gerufen, lesen Sie doch mal, was unter dem Porträt steht: *Für Tabucchi, von Dr. Pereira*«. Aber ich sagte es nicht, denn ich kannte bereits seine Antwort. Es wäre nur das übliche Scharmützel entstanden.

— Sie haben mich doch gerufen!

— Aber nein, was reden Sie, Sie haben mich zuerst gerufen.

Mit Pereira ist es immer so gewesen, vor dem Schreiben und während des Schreibens, vor allem am Abend vor dem Einschlafen, wenn die Lider sich senken und man die inneren Stimmen besser hört.

Aber jetzt war es anders, es gab kein Evozieren mehr, kein Heraufbeschwören, kein subtiles Spiel, um ihn zu holen, um ihn zu rufen oder von ihm gerufen zu werden, damit wir uns unterhalten konnten, damit er erzählte, damit er mir erklärte, was er erklären wollte. Vom Evozieren beziehungsweise vom Heraufbeschwören waren wir zum Herbeirufen übergegangen. Jemand hatte das Gespenst herbeigerufen und es dazu gebracht, in einem Bild Gestalt anzunehmen. Und jetzt saß das Bild Pereiras vor meinen Augen, fett, das Wesen Peireiras hatte Gestalt angenommen. Und Giancarlo Vitali war das Medium, das für das Herbeirufen gesorgt hatte.

»Fürs Erste setzen Sie sich hierher, Doktor Pereira«, sagte ich in Gedanken zu ihm, »morgen finde ich einen besseren Platz für Sie, dann unterhalten wir uns über unsere Diatribe. Jedenfalls danke ich Ihnen, dass Sie zu mir nach Hause gekommen sind, ich war ja so oft bei Ihnen und habe Sie kein einziges Mal eingeladen.«

Lissabon, Oktober 1997

DER UNBEWEGLICHE REISENDE

António Costa Pinheiro,
Fernando Pessoa Ele-Mesmo, 1976

Auf dem Bild António Costa Pinheiros drückt Fernando Pessoa ein Schiff an die Brust, so wie ein Kind ein Spielzeug an die Brust drückt, und reist unbeweglich an einem Tisch sitzend. Auf den Gläsern seiner Brille sind zwei fliegende Möwen zu sehen, die Gläser einer zweiten, auf dem Tisch liegenden Brille reflektieren ebenfalls Schiffe, eine Reminiszenz an andere Reisen, ferne Meere.

Die wichtigste, die einzige wahre Reise seines Lebens unternahm Pessoa mit siebzehn Jahren, sie führte ihn von Durban, wo er seine Kindheit verbracht hatte, nach Lissabon, das er ein Leben lang nicht mehr verlassen sollte. Mit sieben Jahren war er mit seiner jungen verwitweten Mutter nach Durban aufgebrochen, sie reiste ihrem zweiten Mann, dem portugiesischen Konsul in der britischen Kolonie, nach, den sie per Ferntrauung geheiratet hatte. Mit dreizehn Jahren kehrte Fernando mit seiner neuen Familie (Eltern, Schwester und kleinem Bruder) zu einem langen Aufenthalt nach Lissabon zurück und besuchte unter anderem die Azoren. Aber der wahre *nostos* war seine endgültige Rückkehr in die Heimat. Das war einerseits eine Lebensentscheidung (seine Geschwister hingegen gingen nach England, um dort die Universität zu besuchen), andererseits auch eine Entscheidung für eine gewisse Reiseroute, denn er bestieg den Ozeandampfer *Herzog,* der entlang der afrikanischen Ostküste nach Lissabon fuhr.

Die denkwürdige Reise, die ihn mit dem Ozeandampfer vom Indischen Ozean über das Rote Meer, den Suezkanal, das Mittelmeer und den Atlantik schließlich bis in seine Heimatstadt brachte, wird in einem langen Gedicht des frühen Álvaro de

Campos, *Opiário,* beschrieben. Es ist eine Art parnassisch-symbolistisches Gedicht, voller Ironie, weshalb es wie eine Parodie auf die dekadente Literatur klingt. Galaempfänge an Bord, *smoking-rooms,* filmreifes Mondlicht über dem Suezkanal, Opium und Morphium, die oberflächliche Atmosphäre der *Roaring twenties,* die die tragische Maske à la Fitzgerald überdeckt: Das ist die Stimmung des Gedichts. Vor allem aber der Lebensüberdruss (»Spüren, wie das Leben matt und kraftlos wird«), wie ihn auch Baudelaire, Proust, Benjamin und Beckett zum Ausdruck brachten (»Bon qu'a ça«, antwortete Beckett auf die Frage nach dem Grund seines Schreibens).

Doch das alles war ein Spiel. Und auf diesem Bild drückt der »kleine« Fernando fest sein Spielzeug an die Brust. Er würde andere Reisen unternehmen: heroische, visionäre, wütende Abenteuer- und Entdeckungsreisen, allerdings nur in der Phantasie. Und vor allem machten andere diese Reisen, portugiesische Seefahrer, die er in der *Ode Trionfale,* der *Ode Marítima* und in *Mensagem* verewigte. Und dann geträumte Reisen zu fernen, jedoch ebenfalls künstlichen Inseln, wie mit Palmen geschmückten Kulissen, rosa und himmelblau wie Kupferstiche.

Der große Reisende, der nie gereist war (»Der Abend vor der Nicht-Abreise / wenigstens muss man keine Koffer packen«), der mit dem Leben spielte wie mit einem Traum und mit dem Traum wie mit einem Leben, ist auf diesem Bild António Costa Pinheiros dargestellt, als wäre er ein sehr ernsthafter Spieler. Pessoa verspürte einen großen Widerwillen und wehrte sich erfolgreich dagegen, sich einen Personalausweis ausstellen zu lassen, und vor allem, ein Foto von sich darauf anzubringen, eine »vorübergehende sichtbare Darstellung« seiner selbst, wie er es nannte.

Würde er auferstehen und würde man dieses Bild in ein Aus-

weisfoto verwandeln und es auf sein Dokument eines »Reisenden des Unendlichen« kleben, wäre das für ihn wohl ein ironi-
scher Sieg über das sogenannten »Objektive«.

PORTRÄTS VON STEVENSON

Tullio Pericoli, *Robert Louis Stevenson*, 1986

Hin und wieder stellt man mit Erstaunen fest, wie groß die Übersetzbarkeit der Kunst ist, oder in Jankélévitchs Worten: die Möglichkeit, die Sprache einer Kunst in die einer anderen zu überführen. Der französische Philosoph bezog sich damit vor allem auf das Binom Literatur-Musik, doch zweifellos gilt die Feststellung für alle Künste. Damit ist jedoch nicht einfach eine Hommage und auch nicht die »Anleihe« gemeint, die die Theoretiker der Postmoderne so sehr schätzen. Es handelt sich vielmehr um eine Wahlverwandtschaft, die Anerkennung einer Zugehörigkeit, einer Abstammung vom Vater, von dem man sich jedoch völlig unterscheidet, weil man eine gänzlich andere Physiognomie hat. Das Labyrinth der Chronologie sprengt die Diachronie, »Das Davor und das Danach verdienen dasselbe Statut«, wie Borges sagte, sofern ich mich richtig erinnere.

Diese etwas wirren Überlegungen fallen mir ein, während ich in einem Buch mit Zeichnungen von Tullio Pericoli blättere, das im Verlag Dante Albieri in einer kostbaren Edition erschienen ist (*Morgana* 2): Sie enthält Robinson-Landschaften und Zeichnungen, die Robert Louis Stevenson und sein narratives Universum darstellen.

Für alle, die Stevenson in der Pubertät – ein mitunter erstickendes Lebensalter – zu lesen und zu lieben begannen, stellte er Sauerstoff zum Atmen dar. Das Erstickende in diesem Lebensalter hat für jeden eine andere Qualität: Einer liegt zum Beispiel unbeweglich im Bett, weil er sich das Knie gebrochen hat, es sind die Fünfzigerjahre in Italien. Gerade hat sich die Überschwemmung im Polesine oder eine ähnliche Katastrophe ereignet, und man muss mildtätig sein, die *Dame del Patronato* (manche erinnern sich wahrscheinlich noch an diese wohltätige Einrichtung) sammeln abgelegte Kleidung und schicken sie an die Überschwemmungsopfer, derweil singt eine Stimme *Vecchio scarpone* oder einen ähnlichen Schlager, denn im Radio läuft gerade das Festival von Sanremo, und der arme Invalide muss *Cuore* von De Amicis oder, schlimmer noch, eine Kinderausgabe von *Die Verlobten* lesen. Mit einem Wort, eine universale Szenerie, denn jeder hat eine Katastrophe wie im Polesine erlebt, kennt mildtätige Einrichtungen und hört und liest – gewiss in anderen Formen und anderen Sprachen – *Vecchio scarpone* oder *Cuore* oder *Die Verlobten* in Kinderversion.

Und er, der arme, vorübergehend invalide Jugendliche, erstickt beinahe, allerdings ohne es zu wissen. Bis schließlich irgendwer (ein Onkel, der für ihn zur rettenden Figur wird) ihm endlich ein Buch von Stevenson bringt, zum Beispiel *Die Schatzinsel*. Und wie durch ein Wunder beginnt der Erstickende wieder zu atmen. Denn es strömt Sauerstoff zu: Der Wind bläht die Segel eines Schiffes, das Fahrt in Richtung einer fernen Insel aufnimmt, einer Insel, die nicht wirklich eine Insel ist, sondern die Idee einer Insel, die in uns allen schlummert und die das Anderswo bedeutet, den Ort der Wünsche, den Ort, von dem wir glauben, dass es dort etwas ganz anderes gibt als in unserer unmittelbaren Umgebung.

Die Insel der Utopie? Die phantastischen Südsee-Inseln, auf denen die in Öl gemalten Palmen wuchsen, die die Melancholie und die Schwindsucht der dekadenten Dichter nährten? Das Komm-mit-mir eines schönen Liedes, das der Invalide erst als Erwachsener hören sollte? All das und noch viel mehr, all das, was in den Raum einer imaginären Reise passt. Keiner verstand es so gut wie Stevenson, in Richtung der mythischen Geografie der Seele zu reisen.

Er hatte gute Gründe dafür: Er wurde in Edinburgh geboren

und wuchs dort auf, in einer nebligen, auf Granit gebauten Stadt. Er war lungenkrank, verbrachte seine Jugend im Krankenhaus und stand immer wieder vom Bett auf, um das Fenster zu öffnen, er brauchte Sauerstoff für Körper und Seele. Und er fand ihn auch. Er machte richtige Reisen, durchquerte Länder auf dem Rücken eines Esels, fuhr mit den Schiffen der Emigranten nach Amerika. Aber vor allem durchquerte er Zeit und Raum, indem er die Segel der Phantasie setzte. Seine letzten Lebensjahre verbrachte er auf einer wahren Südsee-Insel, und zum Sterben suchte er sich einen Vulkan aus, wohin ihn seine eingeborenen Freunde im Tragstuhl brachten, damit er auf immer und ewig mehr Luft bekam.

Doch es ist nicht gesagt, dass der Zustand des Sauerstoffmangels nicht wiederkehrt. Tote Materie verstopft die Sauerstoffschläuche, sodass der Blutkreislauf ohne die Neuronen der Seele auskommen muss, die sich zusehends in etwas Erstickendes verwandelt und somit offenbart, dass das Erstickende jeder historischen Epoche innewohnt. Natürlich in immer anderen Erscheinungsformen. Und schon tauchen unerbittlich neue Polesine, neue *Vecchi scarponi*, neue *Verlobte* in schnulzigen Kinderversionen auf. Es wäre eine lange Liste. Es droht das übersteigerte Vakuum, der Druckabfall des Intellekts. Man sucht hektisch Sauerstoffmasken. Sie sind nicht sehr zahlreich, doch man findet sie.

Man blättere die Stevenson-Mappe von Tullio Pericoli durch. Augenblicklich hebt sich der erstickende Dunst. Vom Winde verweht. In diesen Zeichnungen zirkuliert die Kraft, die die Segel und die Geschichten des Lungenkranken aus Edinburgh blähte: Sie zirkuliert in den Landschaften, die sich zum Horizont hin öffnen, in den Ozeantiefen, die sich über den Boden legen, in der Mähne des von hinten dargestellten Schriftstellers, in seiner Jacke eines Schriftstellers und Matrosen, im Teppich, über den er geht und der eine Karte des Möglichen ist, in den Wolken und den Wellen. Darin besteht seine Freiheit, auf der Welt zu sein, zu denken, sich vorzustellen, zu schreiben. Und zu zeichnen. Ohne kritischen oder exegetischen Ehrgeiz und ohne strukturelle Ambitionen atmet der Erstickende Sauerstoff und lauscht dem Wind. Dem Wind Stevensons, den Pericoli in diesen Zeichnungen eingefangen hat.

GEOGRAFIEN

Jalal Raouf, *Ricordi mitologici*, 2000

Wie viele »nomadische« Maler des 20. Jahrhunderts, die fremde Landschaften und fremde Stimmungen auf die Grundierung ihrer Herkunftsländer auftrugen, ohne auf diese jemals ganz zu verzichten (de Pisis tauchte das dekadente Flair seiner Heimatstadt Venedig in die kraftvollen Farben des französischen Impressionismus; Nicolas de Staël vermischte das Himmelblau des Hafens von Antibes mit der Melancholie seines nebeligen St. Petersburg; Picasso die Sinnlichkeit der im Mittagslicht an der Côte d'Azur tanzenden Faune und Nymphen mit der tragischen Kargheit Spaniens), hat auch Jalal Raouf Anregungen und Erfahrungen aus fremden Ländern in seinen Formenschatz aufgenommen; von seinem Blick umgestaltet und auf die Leinwand gebracht, erscheinen sie auch uns als neu, als Ort, wo das Abenteuer der Kunst in der immer gleichbleibenden und sich stets verändernden Weltmaschine aufs Neue beginnt.

Oft taucht auf seinen Bildern der griechische Mythos auf: ein Mythos, der auf die Mysterien von Eleusis in Delphi anspielt oder allgemeiner auf das magische Zeitalter, als den Menschen angeblich das Privileg zugeteilt wurde, mithilfe von Pythagoras' Zahlenmystik das große Rätsel der Alchemie zu lösen. Das perfekte Gleichgewicht, das vom *omphalós* symbolisiert wird, einem heiligen Ort, an dem die Grenzen verschwimmen und sich ausdehnen, ist mit dem Übergang vom Mythos zur Geschichte endgültig verloren gegangen, doch gewisse Künstler registrieren die Frakturen und Brüche und weniger die nicht existierenden Harmonien.

Es sind *points de repère*: Bezugspunkte. Und die *points de repère* (wie Jalal Raouf eines seiner Bilder genannt hat) sind auch die Himmelsrichtungen einer geografischen Karte, mit deren Hilfe der Reisende sich orientieren kann. Aber im weiten semantischen Feld dieses Worts sind auch das Wiederfinden und Entdecken enthalten. Und somit die Reise, sowohl die wirkliche als auch die in der Phantasie.

Und die Reise ist tatsächlich charakteristisch für das Leben des kurdischen Malers, der die Akademie der Schönen Künste in Bagdad verlassen hat, weil er sich nicht dazu zwingen lassen wollte, auf einer Delacroix-Kopie die französische Flagge durch die irakische zu ersetzen, dann an der Akademie der Schönen Künste in Florenz studierte, in Straßburg und Paris den letzten künstlerischen Schliff erhielt und schließlich nach diversen Zwischenstationen erst im Tessin und dann in Umbrien gelandet ist, wo er seine von fremden Kulturen und erlebten Landschaften durchdrungenen Bilder malt: Gemälde, wo hinter der Silhouette einer Venus von Milo und einem dorischen Kapitell Orientalisches aufblitzt, oder wo Gewürzfarben aus seiner kurdischen Heimat auf vage an Giotto erinnernde Landschaften aufgetragen werden; diese hat er in den florentinischen Museen studiert und in echt erlebt; als Student der Florentiner Kunstschule wohnte er nämlich in den Hügeln von San Casciano und verbrachte die Abende bei Veranstaltungen in den Bauernhäusern seiner Freunde, die ihn beherbergten.

Seine Werke tragen nicht nur im übertragenen Sinn, sondern auch ganz konkret den Stempel des Nomadentums, und sie sind so notwendig wie ein Gepäckstück, wie die Seiten eines Reisetagebuchs, wie das Album echter Reisender der Vergangenheit, die Figuren und Veduten ihrer Reise zeichneten. Doch auf den Veduten dieses neu angeordneten *carnet de voyage* sind nicht die idyllischen Landschaften zu sehen, die den damaligen Reisenden so sehr gefielen. Bei genauerem Hinsehen stellt man fest, dass hier nicht gereist wird: Die Menschen sind auf Transit. Über der Landschaft liegt ein trüber Schleier, der sie träge und schwer macht, wie dichter, verschwommener Nebel, in dem man sich intuitiv vorantastet und sich dem Zufall und dem Abenteuer überlässt. Schatten ziehen durch das Bild: nicht so sehr Reisende, sondern Gespenster oder Erinnerungen, die Gestalt angenommen haben. Und ein Haus (beziehungsweise die Idee eines Hauses), fast die figurale Projektion eines Begehrens, begleitet die herumirrenden Schatten.

Als innere Landschaften einer Reise, die das menschliche Dasein darstellt und symbolisiert, erscheinen die Zeichnungen Jalal Raoufs wie die *points de repère* ihrer selbst. Sie sind nämlich bewegliche Himmelsrichtungen, die sich wie der Horizont gleichzeitig mit dem Reisenden verschieben; Spuren, Zeichen von jemandem, der auf der Transitroute durchgereist ist und unglaubwürdige und rührende Visitenkarten verteilt hat. Aber auch ein Hinweis, ein kaum geäußertes Unbehagen, ein flüchtiger Gruß, das Versprechen auf Rückkehr. Und die Gabe von jemandem, der von seiner eigenen Reise spricht, wodurch die unsrige weniger einsam ist.

GEWÜRZE, SPITZEN,
FERNE REISEN

Piero Pizzi Cannella, *Ohne Titel*, 1998–1999

Lieber Piero Pizzi Cannella,

wenn wir den Antiken bezüglich des Sprichwortes nomen est omen recht gäben, würde ich diesen Brief auf halb lustige (aber auf nur scheinbar halb lustige) Weise beginnen und die Idee aufs Tapet bringen, dass Deine Gemälde, auf denen sich eine Ikone in ähnlicher Weise vom Grund der Leinwand abhebt, wie in fernen Meeren nachts die Planktoninseln aus den Tiefen auftauchen und im Licht des Kreuzes des Südens schimmern, nicht nur das Werk Deiner Hand, sondern auch Deines Namens sind, der zu Deiner Hand gehört, die wiederum diesem Namen entspricht – aufgrund eines geheimnisvollen Gesetzes, für das den Antiken zufolge die geheimnisvolle Macht des Wortes verantwortlich ist.

Wenn man diesen Gedanken weiterverfolgte, könnte man vielleicht durchaus mit Recht annehmen, dass die Spitzen auf Deinen Gemälden die Ziffern eines nicht zu lösenden Rätsels sind, das auf seine Weise »erklärt«, ohne dass es selbst erklärt werden könnte, und das die Sprache der Kunst ist. Und in Deinem Fall, das gebe ich zu, auch ein formalisiertes Kombinationsspiel. Das (ich wiederhole hartnäckig) seit den Antiken verschiedene Symbolisierungen erfahren hat, vielleicht in der irrigen Annahme, dass die Geometrie mithilfe von Umfängen und Winkelgraden die Träume und das Begehren umschreiben könnte. Und ich würde mich in ein gefährliches Labyrinth begeben, wenn ich von einem Labyrinth spräche, das aus Koordinatenachsen, Schnittpunkten, Kreuzen und Kästchen besteht, das für die Kreter das Ziel des auf die Probe gestellten Helden darstellte, für die Orientalen die Suche nach dem Gleichgewicht und das in romanischen Kathedralen der Ersatz des Weges nach Jerusalem war, zum Gebrauch für Pilger, die sich nicht vom Fleck rührten. Und noch gefährlicher wäre es, die vier Elemente des Kosmos zu erwähnen, die stilisiert in Form von Pfeilkreuzen auf Mosaiken dargestellt werden, die geometrischen Anordnungen der Menhire im Megalith-Zeitalter, das Rautennetz auf den Mayapyramiden und so weiter, um schließlich bis zu Kreuzworträtseln und gewissen verzwickten Bilderrätseln zu gelangen, mit denen es in letzter Zeit sogar die Literatur aufgenommen hat, zum Beispiel der verstorbene Georges Perec und seine Gefährten von Oulipo.

Aber wenn »alles Symbol und Analogie« ist, wie ein Dichter geschrieben hat, der die Faszination des unter der Haut des Realen versteckten Mysteriums verspürte, was von Deinen Werken könnte die Haut der Schlange mit ihren merkwürdigen Schuppen verbergen? Einer Schlange übrigens, die ich – angesichts der priesterlichen Form Deiner Ikonen – nicht als Python, sondern als Pythonin beschreiben würde, denn die Form erinnert an das Pluviale von längst vergessenen Sibyllen, deren Theodizee (sofern sie je eine besaßen) sich im Gegensatz zu ihrer Sakralität verloren hat. Wer waren sie, die irgendwo und irgendwann gelebt haben und deren Funktion nicht so sehr darin bestand, uns Antworten zu geben, als darin, uns zu befragen? Ich glaube, dass Du ihre Funktion übernimmst, wozu eben Künstler imstande sind, die die antiken Fragen auf ständig neue Art und Weise stellen (entschuldige, dass ich wieder von den Antiken spreche, das ist eine Obsession). Und die Frage, die sie aufwarfen und die Du aufs Neue stellst, indem Du Dich ihrer Zeichensprache bemächtigst und ihr einen neuen Sinn gibst, widerhallt stumm in der Stadt, in der Du Deine Werke ausstellst. Und ich würde sagen, dass Du gut dort hinpasst, denn diese alte Stadt ist gar nicht so schlecht, sie ist überladen mit Symbolen, Bildern, Ikonen, deren ursprünglicher Sinn im Gegensatz zu ihrer Vitalität vielleicht verloren gegangen ist. Es ist eine Stadt voller unverständlicher und geheimnisvoller allegorischer Figuren, mit einem Bestiarium, das ins Reich des Phantastischen gehört. Und das vielleicht immer zum Reich des Phantastischen gehört hat, wie gewisse mittelalterliche Teppiche, die Geschichten aus einer Zeit und von Orten erzählen, die es nie gegeben hat.

Aber nun ist es an der Zeit, dass ich ans Ende meines gewiss etwas verrückten Briefes gelange, mein lieber Pizzi Cannella. Ich habe mich an die Hand nehmen lassen, ich habe gar nicht so sehr phantasiert, sondern mich vielmehr in ausgeklügelten Überlegungen verloren. Ich versuche, den Faden dieses Briefes wieder aufzunehmen, nachdem ich vom Pfad abgewichen und mich zwischen kretischen Palästen und mittelalterlichen Kathedralen verirrt habe, wenn Du gestattest, würde ich allerdings noch gern einen Abstecher nach Indien machen. Die Gespenster auf Deinen Bildern sind (wie Du mir selbst gesagt hast) mit alten indischen Formen gemacht, früher wurden sie dazu benutzt, um die Saris der Frauen zu bedrucken, in einer abgelegenen Gegend Indiens werden sie vielleicht noch immer dazu benutzt. Die Zeichnungen und Muster auf den Gewandstoffen hatten einen bestimmten Sinn, auf Deinen Stoffen haben sie jedoch einen anderen: nicht nur weil Du sie »resemantisierst«, sondern weil die Funktion das Organ schafft. Indem Du Dir die Tatsache zunutze machst, dass eine Logik nur dann eine Logik ist, solange sie im Inneren eines Systems funktioniert (auch wenn sie an und für sich unlogisch erscheint), möchte ich so weitermachen, wie ich begonnen habe, und mit dem zweiten Teil Deines Namens enden. Wenn die Spitzen nämlich aus Indien stammen, welches Gewürz würde besser dazu passen als

Zimt? Bereits die Römer kannten Zimt, sie nannten ihn »cassia« und parfümierten damit den Wein. Und die Venezianer, die Handel mit den Ländern am Indus trieben, verbreiteten das Gewürz in Europa. Aber die stärkste Verbindung mit diesem Gewürz, das schließlich als Arznei verwendet wurde und einen ganz leichten herben Geruch besitzt (wie das Phantom einer Frau, die länger in unserer Erinnerung geblieben ist als in unserem Bett – und hier könnte man sogar den Ausdruck »in unserer Phantasie« tolerieren), waren die Portugiesen, wie Du weißt, sehr gute Freunde von mir, die mitten in unserem nun am Ende angelangten Jahrtausend in Gestalt eines Seefahrers namens Vasco da Gama um das Kap der Stürme herumfuhren, das sie dann Kap der Guten Hoffnung tauften, in Calicut landeten und an der indischen Küste bis nach Goa hinaufsegelten, wo sie ein portugiesisches Vizekönigreich gründeten und etwas Okzident in den Orient brachten. Und etwas Orient gelangte zu uns.

Und in diesem fernen sechzehnten Jahrhundert begann Europa sich tatsächlich zu verändern, denn es stellte fest, dass die Welt eine Kugel war. Oder besser gesagt, es trat aus dem Mittelalter heraus und in die Renaissance ein, wie meine Volksschullehrerin so weise sagte. Und auch ein Botaniker namens Garcia da Orta (ebenfalls ein nomen est omen, denn sein Name bedeutet »Garcia des Gartens«) trug auf seine Weise dazu bei, den Orient nach Europa zu bringen. Er war ein portugiesischer Humanist und Wissenschaftler jüdischer Abstammung, der offenbar nach Indien fuhr, weil ihn die Inquisition, die damals in seinem Land sehr aktiv war, nicht ruhig schlafen ließ. Und ausgerechnet in Goa veröffentlichte er ein außergewöhnliches Buch mit dem Titel *Colóquio dos Simples e drogas da Índia* (Rede über einfache Arzneien und Gewürze aus Indien), das gleichzeitig ein Medizin- und Pharmaziebuch und ein Buch über Naturphilosophie ist. Es gelangte damals zu großem Ruhm, denn es wurde ins Lateinische und in viele andere Sprachen (auch ins Italienische) übersetzt und erschien in großen europäischen Kulturzentren wie Antwerpen und Paris.

Mein lieber Pizzi Cannella, hin und wieder, wenn man den Fragebogen einer Zeitung ausfüllt und gefragt wird, welchen großen Menschen der Vergangenheit man gerne kennengelernt hätte, denke ich an Garcia da Orta. Ich bin mir nämlich sicher, dass ich mich in Gegenwart dieses portugiesischen Juden, der einer der großen zeitgenössischen Botaniker war, der geduldig und bescheiden die indischen Arzneipflanzen klassifizierte und untersuchte, der ihre Eigenschaften verstand und ausprobierte, der ein Freund von Camões war und im Nichts verschwand, dem nach seinem Tod der Prozess gemacht wurde und dessen Gebeine auf Befehl der mittlerweile auch in Goa etablierten Inquisition verbrannt wurden, dass ich mich, wie ich schon sagte, in Gegenwart dieses Herrn sehr wohl gefühlt hätte.

Beim Betrachten eines Bildes kann man weit abschweifen. Und das ist auch richtig so, denn genau das ist das Schöne an der Kunst: uns dorthin zu führen, wo wir am liebsten sind. Und wenn diese Reise manchem auch als Spiel erscheinen mag, so ist sie das für Dich gewiss nicht, Pizzi Cannella, denn Du weißt so gut und besser als ich, dass Kunst auch ein »Spiel« ist. Es handelt sich jedoch um ein ernsthaftes Spiel. Einerseits um ein Spiel, andererseits um den Wunsch, nicht zu sterben.

Dein Dich sehr schätzender Antonio Tabucchi

LIEBE MAUER,
ICH SCHREIBE DIR …

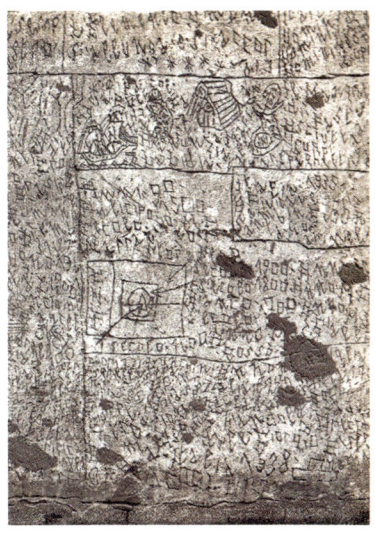

Graffiti auf der Mauer des Irrenhauses
in Volterra von Oreste Fernando Nannetti,
1961–1972

»Liebe Milena, ich antworte auf Deine Karte mit einem Monat Verspätung, Du musst mir verzeihen, aber ich war etwas krank; jetzt fühle ich mich ein wenig besser. Wie geht es Dir? Liebe Milena! Ich kannte eine andere Milena in Rom, aber sie ist tot ...«

Es war einmal ... Kafka! Fiele einem spontan dazu ein. Nein, liebe Leser, es war einmal ein Patient in einem Irrenhaus. Nicht von Kafka stammt dieser kurze Brief, ich habe ihn nur deshalb an den Anfang gestellt, damit ihr von Milena, der Krankheit und der makabren Ironie (ich kannte eine andere Milena, aber sie ist tot!) getäuscht werdet. Er stammt von einer Person, die Kafka zu einer Figur seiner Erzählungen hätte machen können und die N.O.F.4 heißt (wie die Abkürzung seiner Unterschrift lautet) beziehungsweise Nanni Oreste Fernando. N.O.F.4 (Nannetti) ist der Autor eines verstörenden Buches, das sich wie alle anderen Bücher auch aus einer Unzahl von Wörtern zusammensetzt. Sie stehen jedoch nicht auf den Seiten eines Buches, sondern sind auf einer hundert Meter langen Mauer eingeritzt.

Dank der Initiative des Gesundheitsamtes (in diesem Fall der verdienstvollen Usl Nr. 15 von Volterra) ist dieses »Buch« zu einem normalen Buch aus Papier geworden und im Pisaner Verlag Pacini erschienen, als Beilage zu der von Professor Carmelo Pellicanò herausgegebenen Zeitschrift »Neopsichiatria«. Mein Freund Amedeo Cappelli, ein Sprachwissenschaftler, der am Istituto di Linguistica Computazionale in Pisa arbeitet, einem Labor »kreativer Wissenschaftler«, hatte mich vor einigen Jahren auf die Existenz von Nannettis Werk hingewiesen. Ich hatte mir schon lange vorgenommen, es in echt zu betrachten, jedoch nie die Zeit dazu gefunden. Aber jetzt, wo ich Nannettis Text in Form eines papierenen Buches in den Händen halte, konnte ich nicht mehr umhin; ich fuhr nach Volterra, um das »steinerne Buch« in echt zu betrachten: das, was Nannetti Oreste Fernando während seines elfjährigen Aufenthalts im Irrenhaus auf die Wand geschrieben hat, hinter der er eingesperrt war.

Fernando Nannetti wurde 1927 in Rom als uneheliches Kind geboren, der Vater war unbekannt. 1934 wurde er von einem wohltätigen Institut aufgenommen. 1937 wurde er in ein Heim für minderjährige psychisch Kranke überstellt, aufgrund einer Knochenkrankheit jedoch ins Forlanini-Krankenhaus in Rom eingeliefert. Als Folge einer Episode, deren nähere Umstände mir nicht bekannt sind, wurde er wegen Widerstand gegen die Staatsgewalt angeklagt und einer psychiatrischen Untersuchung unterzogen. Aufgrund von »Unzurechnungsfähigkeit« wurde er freigesprochen und in die Abteilung für geistesgestörte Straftäter des psychiatrischen Krankenhauses in Volterra eingewiesen. 1961 wurde er in die normale Abteilung des Krankenhauses überstellt. 1972 wurde er entlassen und mit einer Rente der Gemeinde Rom im Istituto Bianchi in Volterra aufgenommen, wo er bis zu seinem Tod 1996 lebte.

Elf Jahre lang, von 1961 bis 1972, hat N.O.F.4 mit Gürtelschnallen seiner Insassenuniform eine geheimnisvolle Geschichte (die Narratologen würden sie als »handlungsfrei« bezeichnen) in die Mauer des Irrenhauses eingeritzt und sie mit Darstellungen menschlicher Figuren und geometrischen Mustern vermischt. Eine Botschaft, die hundertachtzig Meter lang ist und von der noch dreiundfünfzig Meter mit einer durchschnittlichen Höhe von hundertzwanzig Zentimetern erhalten sind. Das ist das Buch von N.O.F.4

Aber worin besteht dieses »Buch«, und was erzählt es? Ich stelle mir diese Frage, denn das »Buch« von N.O.F.4 weist eine eindeutig narrative Intention auf: Es möchte etwas »erzählen«.

Vor allem erzählt es Nannettis private Odyssee und seine Reise nach Ithaka (das ausdrücklich erwähnt wird). In einer Art wiederkehrendem Motiv erzählt es von seiner Familie. Einem Clan, der sich aufgrund somatischer Ähnlichkeiten zusammengefunden hat (die Personen dieses Clans sind alle »groß, dunkelhaarig, spindeldürr und haben eine Y-förmige Nase«) und der nichts mit Nannettis Blutsverwandten zu tun hat, die er nie kennengelernt hat (in all diesen Jahren hat Fernando Nannetti keinen einzigen Besuch erhalten). Es sind, nennen wir sie so, seine »Wahlgeschwister«, unter ihnen befinden sich unter anderem Pius XII., ein gewisser Alberto der Affe Corazzi und Amadeus von Savoyen. Und außerdem spricht er von seinem Vater, in Form des Gebots »erinnere dich daran, deinen Vater heiligzusprechen«. Einen Vater, den Nannetti nie kennengelernt hat. Aber das Buch ist auch eine Art Weltbild, mit einer Anspielung auf die Genesis (»Adam und Noah und seine Arche ... Eva und der Apfelbaum und die Schlange«), eine Kosmografie, eine phantastische Beschreibung des Himmels, der Sterne und der Planeten, versetzt mit autobiografischen Elementen. Aber es gibt auch das Grauen (»der genagelte Schritt schreitet über ganz Europa ohne territoriale Kontraste«), es gibt phantasierte Erschießungen, geheimnisvolle Todesfälle, Trauer, Traumpassagen, eine Art Kalender beziehungsweise eine Unterteilung der chronologischen Zeit. Ein Buch, in dem, vom Wahnsinn verzerrt, enthalten ist, was in vielen Büchern der Menschheitsgeschichte ebenfalls enthalten ist: Kosmogonien, Kriege, Geheimnisse, Schmerzen, Freude, Religiosität, Angst, Liebe und Tod.

Ich bin mir bewusst, dass ein derartiger Fall im Grunde eine psychiatrische Abhandlung erfordert. Doch das Gesundheitsamt in Volterra hat dafür gesorgt, dass nicht die Tatsache der Psychiatrie-Literatur in den Vordergrund gestellt und Nannettis

Werk in einem medizinischen Kontext betrachtet wurde, sondern dass sich vielmehr Künstler mit seinem Werk befassten: der Bildhauer Mino Trafeli aus Volterra (immerhin ist Nannettis Buch in Stein gehauen), sein Assistent Aldo Trafeli, der einige Fragmente des Buches geduldig entziffert und transkribiert hat, und Giuliano Scabia, der ein sehr schönes Vorwort namens *Il libro della vita* (Das Buch des Lebens) geschrieben hat. Die technisch sehr anspruchsvollen Originalfotos stammen von Pier Nello Manoni.

Was bedeutet das Schweigen der Ärzte zu Nannettis Buch? Ich nehme an, dass die Psychiater des Gesundheitsamtes in Volterra mit ihrer Diskretion vor allem eines sagen wollten: dass die Geisteskrankheit wie die Literatur ein Geheimnis ist und dass bei einer derartigen Äußerung vielleicht nicht das Geheimnis des Wahns, sondern das Geheimnis der Literatur im Vordergrund stehen soll.

Im Klappentext vergleicht Mino Trafeli Nannettis Schreiben mit dem poetischen Ausdruck: »Die Beziehung, die N.O.F.4 mit seinem Unbewussten aufgenommen hat, lässt uns darüber nachdenken, was Poesie ist: Diese kann mit Weisheit geschrieben werden, mit wenig Weisheit und mit wenig aus den Angeln gehobener Weisheit.« Zweifellos hat die »wenige, aus den Angeln gehobene Weisheit« auch bei Jean Dubuffet einen tiefen Eindruck hinterlassen. Dieser hat kurz vor seinem Tod Trafeli geschrieben, um seine Bewunderung angesichts der »*extraordinaires inscriptions*« Fernando Nannettis zum Ausdruck zu bringen. Einen ähnlich tiefen Eindruck hat Nannetti auch bei Michel Thévoz, dem Direktor des Schweizer Musée de l'Art Brut, hinterlassen, der von einem »außergewöhnlichen Fall« spricht. Tatsächlich stellt Giuliano Scabia in seinem Vorwort Fragen, die ich hier zur Gänze wiedergeben möchte: »Was ist Schreiben? Ein Gespräch mit dem Körper der Mutter, wie Barthes gemeint hat? Oder ein Versuch, die innere Welt zu zähmen? Oder, die Zeit anzuhalten? Oder, dem Ungenauen Genauigkeit zu verleihen? Oder eine Technik, um ein Geheimnis zu verbergen? Oder es zu offenbaren? Oder eine Form von Melancholie? Oder ein Machtinstrument? Oder ein Traktat der Ohnmacht? Oder ein Zeichen, dem man die Hoffnung auf Unsterblichkeit anvertrauen kann? Oder ein konkretes Fragment des Bedürfnisses nach Erinnerung, Memoire? Oder eine kostbare Reliquie der Zivilisation? Oder ein geheiligter Akt? Oder eine Methode des Geists, die sich wie die Fortbewegung der Ameisen auf ein bekanntes oder unbekanntes Ziel richtet? In der Literatur haben die historischen Religionen ihre Götter realisiert. Aus der Entzifferung der Literatur haben wir ein umfängliches Verständnis untergegangener Kulturen gewonnen. Die Literatur ergießt sich immer heftiger in die elektronischen Speicher. Indem wir auf die Tasten klopfen, antworten wir einander bei dieser gespiegelten Literatur. Und Nannettis Wandbuch?«

Bei dieser Frage halte auch ich auf meiner Erkundungsreise entlang des mittlerweile leeren Irrenhauses San Gerolamo inne. Während seiner letzten Jahre, die Nannetti als halb freier Mann in Volterra verbrachte, ist er jeden Vormittag zu der Brüstung dieser Mauer zurückgekehrt und hat an seinem Werk weitergearbeitet, auf der Oberfläche einer Mauer, die zweiundzwanzig Zentimeter dick und hundertsechs Meter lang ist. Das Ende seiner Geschichte bleibt ohne Entzifferung. Von Dornen und Unkraut überwuchert, bleibt die letzte Erzählung über das leere Irrenhaus als Zeugnis.

KRETISCHES TAGEBUCH
MIT SINOPIA

Valerio Adami, *L'ora del sonno del fanciullo*
(Holbein) (Detail), 1993

»Io qui vagando al limitare intorno ...«
Giacomo Leopardi

Knossos, 1. Juni 2000

Lieber Valerio, ich glaube, dass sich dieser Ort wie kein anderer dazu eignet, über Malerei zu sprechen. Ich habe einen Teil von Deinem »Atelier« mitgenommen, ein paar Deiner Gemälde und Deiner »Anweisungen« und ein paar fotokopierte Zeichnungen. Und außerdem etwas Lesestoff zu den minoischen Ausgrabungsstätten, altes Zeug, das ich bei Buchständen in Florenz und in Paris gefunden habe, zum Beispiel eine Biografie von Sir Arthur Evans, mit alten Fotos, auf denen man den Archäologiepionier sieht, wie er die Ausgrabungsarbeiten des gerade entdeckten Palasts leitet. Er beugt sich über die Steine, die aus dem Erdreich auftauchen, neben ihm liegt eine eben ausgegrabene Amphore aus Knossos, Sir Arthur schaut drein wie eine Bracke, die Witterung aufgenommen hat, sein Blick wandert über das kleine Mäuerchen, das wie durch Zauber aus der Erde aufgetaucht ist, vielleicht stellt er sich bereits eine Anlage vor, deren Geometrie ihm unbekannt ist, deren Existenz er aber ahnt. Ja, kein Zweifel, er hat begriffen und den Faden aufgenommen: Er glaubt, der Herr des Labyrinths zu sein.

Jetzt bin auch ich hier und sitze auf diesen jahrtausendealten Steinen, die Dämmerung senkt sich herab, die wenigen Touristen sind zum Abendessen in die umliegenden Tavernen gegan-

gen, der eloquente und sehr belesene Fremdenführer, dessen
Dienste ich in Anspruch genommen habe, hat seine Aufgabe erfüllt, und ganz oben auf der zentralen Treppe sitzend, betrachte
ich den Grundriss des Palastes, die Steine, die Höfe, die Ställe,
die Tiergehege, die Wohnungen der Diener, der Mägde, der Priester, die Zimmer des Königs und der Königin, aller Bewohner,
die diese riesige Stadt, die ein Anwesen war, beherbergte, bevor
der vom Erdbeben ausgelöste Tsunami sie zerstörte. Ich betrachte das Labyrinth, und mir fällt ein Satz ein, den ich in Deinen Notizen gelesen habe: »Der Mythos ist einer der grund-
legenden Striche unserer Kultur, sein Wissen definiert sich in
der Vorstellung der Metamorphose.« Ich konnte nicht anders,
ich musste an den Strich Deiner Zeichnungen denken und daran, dass der Zugang zu ihnen frei ist. Und ich dachte auch, dass
Dein Werk als offenes Werk definiert werden könnte, ein Begriff, der uns eine Epoche lang ordentlich genervt hat. Im Gegensatz zu dem öde gewordenen Gemeinplatz ist die Offenheit
Deines Werks jedoch auf beunruhigende Weise auf den Kopf
gestellt. Wenn der Strich Deiner Werke jedem x-Beliebigen of-
fensteht, laufen wir nämlich Gefahr, daran kleben zu bleiben
wie Vögel in Vogelleim. In diesem Universum, in das wir fröhlich und frei, nahezu gedankenlos eingedrungen sind, beginnen
wir zu zögern, schieben das Hinausgehen hinaus und erleiden
Schiffbruch. Einen selbstgewählten Schiffbruch, der uns ver-
führt hat und den wir auch nicht aufgeben wollen, wie Odys-
seus' Matrosen, die nicht die nötigen Vorkehrungen trafen. Und
übrigens, wozu sollte man sich an den Mast binden lassen oder
sich Wachs in die Ohren stopfen? Um nach Ithaka zurückzukehren, enttäuscht zu werden und in Richtung neuer Träume
aufzubrechen? Dann kann man sich ja genauso gut in dem
Traum verlieren, in dem wir uns befinden, so wie wir manchmal in einem Traum verweilen und das Aufwachen hinaus-

schieben wollen. Virginia Woolf hat gesagt, das Leben sei ein Traum und das Aufwachen bringe uns um.

Also lieber den Traum weiterträumen, der uns gegeben ist.

Knossos, 2. Juni

Es gibt unterschiedliche Techniken, um den Traum in die Länge zu ziehen. Von einigen Methoden sprechen bereits die Griechen, sie wiederum übernahmen sie von den Persern. Der Traum beginnt immer im Orient und geht im Okzident unter, löst sich im Morgengrauen auf. Das hatte auch Pessoa verstanden, der sich einen exzessiven Orient wünschte, den er nie kennenlernen sollte, einen Orient, aus dem alles, der Tag und der Glaube, kommt, einen pompösen und fanatischen und heißen Orient, einen Orient, der alles ist, was wir nicht haben, alles, was wir nicht sind, einen Orient, wo Christus vielleicht noch immer am Leben ist. Aufgrund dieser Auffassung von Orient argumentierte Sostratos (entgegen der plumpen, von Iolaos vertretenen These, wonach der Traum im Fluss des Vergessens eingeschlossen ist, in den Gemächern Hypnos' wohnt und der Bruder des Todes ist), dass der Traum Leben ist: Er ist nämlich nicht nur wahrscheinlich, sondern vor allem wahr, wenn er die Visionen des Gefühls, etwa die Visionen der Künstler betrifft, die immer wahr sind, auch wenn sie phantastisch erscheinen. Und vielleicht ist das der Sinn des geheimnisvollen Satzes Nietzsches, dem zufolge man Chaos in sich haben muss, um einen tanzenden Stern zu gebären. Also den Traum intensivieren. Es ist egal, dass Sancho Panza sich über Don Quijote lustig macht, der in die Höhle Montesinos' hinabsteigt: Dieser in die Länge gezogene Traum, der nur eine Minute dauerte, ist einer der wahrhaftigsten des Okzidents. Er dauert einen ganzen Roman und eine ganze Literatur. Er ist ein geistiger Meteorit, die individuelle Kosmogonie, von der Artaud spricht, der seine Träume im Land der Tarahumara-Indianer in die Länge zog. Ein armseliges Wunder, fügte der andere hinzu. Macht nichts, vielleicht hat Virginia sich geirrt, sie hatte die Frage andersherum gestellt, wer weiß, ob sie es bemerkt hat, als ihr Hut in der Strömung trieb.

Knossos, 3. Juni

Ich habe in einem Ort übernachtet, der Dir sicher gefallen würde, Du bezeichnest Dich ja als einen »Maler der Berge«. Wenn man hinter der Ausgrabungsstätte über die Straße in Richtung Landinnere weiterfährt, erreicht man eine enge Schlucht, in die nicht einmal zu Mittag Sonnenlicht fällt; eine Steinbrücke mit zwei Bögen spannt sich über die Schlucht, und darunter fließt ein sehr klarer Bach mit smaragdgrünen, kristallklaren Tümpeln, wo Grasbüschel in der Strömung treiben wie Frauenhaare, schlangenförmig wie die Haare der Medusa. An diesem menschenleeren, unzivilisierten Ort, den gewisse Schriftsteller, die sich nicht zwischen Ästhetizismus und Mystizismus entscheiden können, wohl als »panisch« beschreiben würden, habe ich mich nackt ausgezogen und bin ins Wasser gegangen. Wie wir wissen, ist das eine gefährliche Situation, und das weiß auch der Mann auf Deinem Gemälde, der einen sich genierenden fleischrosa Faun betrachtet: Erinnerungen an die Pubertät und an Schilfröhricht liegen auf der Lauer, an ein heimlich hinter Sträuchern beobachtetes Mädchen, eine verspätete Erektion, das Gefühl, sich lächerlich zu machen, und damit der undefinierbare Schatten des Todes. Während ich zwischen den moosbewachsenen Steinen planschte, habe ich zugelassen, dass mich alle diese Gefühle überkamen, dann habe ich mich wieder angezogen und bin mit dem Auto eine steile Bergstraße hochgefahren, zu einem Ort mit einer armseligen Taverne, in der armselige Zimmer vermietet werden: mit Steinen gepflasterte Zimmer über dem Säulengang, das Kopfteil des Bettes ist mit volkstümlichen Motiven bemalt, das Waschbecken ist aus Gusseisen. In diesen Zimmern träumt man armselige Träume. Dort habe ich meinen Traum geträumt. Einen dieser kargen Träume, wie eine Jacke, die man ein Leben lang getragen hat, den Traum in einem Zimmer, in dem man dieses Zimmer wiedererkennt. Ach, dieses Zimmer, wie vertraut es uns doch ist. Rechts oder, genauer gesagt, gegenüber steht ein Spiegelschrank. Und neben dem Fenster steht das Bett, in dem schon so oft Liebe gemacht worden ist. Und neben dem Bett ist ein Fenster. Merkwürdig, es blickt aufs Meer, obwohl man mitten in den Bergen ist, du hast es offen gelassen, hin und wieder hast du die Nacht ans Kissen gelehnt verbracht und hast an ferne Stimmen gedacht, während du die Brandung hörtest und die Spitze der Zigarette in der Dunkelheit leuchtete und sie hinter dich trat und flüsterte: Warum kommst du nicht ins Bett? Wir waren zwei Kinder, von heute aus betrachtet.

Auf die Bank, die auch als Nachttisch diente, hatte ich die Fotokopie einer Deiner Zeichnungen gelegt, die ich mitgenommen hatte, *L'ora del sonno del fanciullo.* Die Gestalt einer Frau schläft zusammengekauert auf einem Stuhl, während der Tod mit dem Hut eines Banditen ein Kind zu einem Hügel zieht, auf dem eine Zypresse steht. Ich habe gelesen, Du hättest dich von einer in Basel gesehenen Radierung Holbeins zu dieser Zeichnung anregen lassen, und ein Kommentator bringt den Schlaf in die Nähe des Todes, der angeblich dessen kleiner Bruder ist. Das ist die Idee Iolaos', wenn auch etwas leiser und unauffälliger, und sie passte auch zu meiner Auffassung, denn sie minderte den Tod, nahm ihm in einem kleinen Traum das Noble.

Und sie passte auch zu der Fotokopie, die ich mitgenommen hatte: Gevatter Tod, halten Sie sich für nicht allzu wichtig, unsere armseligen Träume sind nur eine hässliche Kopie Ihrer Gestalt. So hat der Tod in dieser Nacht wohl Angst bekommen oder sich rühren lassen (manchmal passiert das) und hat in meinem Traum das Kind, das er an der Hand hielt, zu der Frau zurückgeführt, die auf dem Stuhl schlief, aber sie war nicht mehr seine Mutter, und es war auch kein Kind mehr, sie lag in einem Bett in der Nähe des Fensters, das aufs Meer blickte, und flüsterte ihm zu: Mein Lieber, warum kommst du nicht ins Bett?

Und in diesem Augenblick bin ich aufgewacht, habe die Fensterläden geöffnet, und unter mir war der riesige Olivenhain, der sich im ganzen Tal bis Knossos befand und auch darüber, auf den Hängen des Berges, die den Hüften der Frau aus meinem Traum glichen.

Knossos, 4. Juni

Wer weiß, ob es Sinop noch gibt, und welchen Namen der Ort heute trägt. In dieser Stadt am Schwarzen Meer, die genauso ein Mythos ist wie Tomi, das nur deshalb noch immer existiert, weil Ovid dort gestorben ist, gewannen die Antiken die ockerfarbene Erde, mit der sie Zeichnungen anfertigten. Auch die Kreter verwendeten für die Fresken in Knossos und Phestos ockerfarbenen Ton. Mit der Erde zieht man die Linie des Umfangs. Die Farben werden später angebracht, vielleicht mit dem heimlichen Vorsatz, die Linie des Umfangs anzuheben, damit es aussieht, als ob er fliegen könnte.

Im alten venezianischen Hafen der Stadt, die in der Vergangenheit La Canea hieß, gibt es eine schlichte Taverne, wo ich gestern einen Drink genommen habe. Die Touristen kommen nicht hierher, weil sie sich hier nicht wohl fühlen. In dieser Bar wird heftig getrunken, und zwei Männer spielen mit der *lýra* traditionelle Musik, vor allem *rizítakas,* aber hin und wieder auch Melodien von Markópoulos, die fröhlicher stimmen als die monotonen Litaneien, die einen nervös machen wie der Schirokko. Ich habe mich an einen Tisch gesetzt, und man hat mir einen Wein serviert, angeblich einen Weißwein, der jedoch ein Rosé war. Ein alter Mann, der gerade zu spielen aufgehört hatte, trat mit einem Glas an die Tür und prostete mir zu. Ich hob ebenfalls mein Glas. Ich hatte Dein Buch, *L'officina di Adami,* auf den Tisch gelegt. Er schien es neugierig zu betrachten, und ich forderte ihn auf, sich zu setzen.

Es entstand eine aufs Wesentliche beschränkte Konversation, die aus Gesten und spärlichen Worten bestand, zu mehr ist einer wie ich, der nur wenige griechische Ausdrücke aus dem Reiseführer kennt, nicht fähig. Ich versuche, sie verständlich wiederzugeben.

— Wer ist dieses Buch?

— Ein italienischer Maler.

— Dein Freund?

— Ja.

— Ich bin auch Maler, ich heiße Manolis (ich habe den Eindruck, in Kreta heißt jeder Manolis).

— Und was malst du?

— Mit Kalk.

— Mit Kalk, aber was?

— Alles. Häuser und alles.

— Nur mit Kalk?

— Nein, auch Blau.

— Nur mit Kalk und Blau?

— Es gibt viele Blautöne, nicht nur einen.

Und dann sagte er einen Satz, den ich nicht verstand, und ich bat ihn, ihn mir aufzuschreiben. Ich bin mir nicht ganz sicher, aber ich glaube, der Sinn war ungefähr folgender: »Die Dinge kommen hässlich zur Welt, deshalb muss man sie malen.« Dann nahm er ganz vorsichtig Dein Buch zur Hand und blätterte es durch. Bei Daphne hat er innegehalten und sie lange angesehen. Das ist Daphne, sagte ich zu ihm, erkennst du sie? Manolis sah mich sachkundig und arrogant an. *Sízhigos,* sagte er und tippte sich dabei mit dem Zeigefinger auf die Brust. Und er fügte das Verb »malen« in der Vergangenheitsform hinzu. Ich kannte die Vokabel nicht, im Hotel schlug ich sie im Wörterbuch nach. *Sízhigos* bedeutet »Ehefrau«. Den Sinn verstehe ich nicht. Hatte Manolis, der die Häuser weiß und blau bemalt, vielleicht seine Frau gemalt? Was wollte er damit sagen? Hat er ihr Porträt gemalt?

Sfakia, 9. Juni

Ich hätte gern ein paar Blätter Papier, sagte ich zu dem Jungen in der Taverne, ich würde gern was schreiben. Das griechische Wort *chriázome* (brauchen, notwendig haben) hat eine etwas andere Konnotation als unsere entsprechende Vokabel, denn sie bezeichnet nicht eine Notwendigkeit im engeren Sinn, sondern etwas Geheimnisvolleres, dessen Natur man nicht genau kennt. Man braucht etwas, aber auf unbestimmte Weise.

Die Taverne heißt Minós, und der Junge natürlich Manolis. Mit entschuldigendem Blick brachte er mir einen gelben Block, einen Rechnungsblock, mit der Aufschrift »Taverna Minós. Original Greek Food« darauf. Darauf schreibe ich jetzt.

Die Tatsache, dass ich ein derartiges »Bedürfnis« habe, das auf irgendetwas Inneres, auf eine Art mentale Vorstellung, verweist, die man in sich trägt und die drängt und die man auf völlig autistische Weise sieht oder spürt, ohne dass ein anderer sie sehen oder spüren könnte, hat mich an ein Gedicht von Kavafis erinnert, in dem die Stimmen nur aus dem Inneren kommen und nur zu dem sprechen, der sie hören kann, der zugleich Sender und Empfänger ist. Das *acusmatón*, wie es die Kirchenväter beschrieben haben, ist ein wunderbarer Teufelskreis. Wir haben heute stattdessen nur die armselige psychiatrische Diagnose einer »akustischen Halluzination« oder, schlimmer noch, einer »Krankheit« der Hörmuschel, wie im Wörterbuch steht. Also: entweder der Neurologe oder der HNO-Arzt.

Ich erinnere mich an einen Nachmittag bei Dir zu Hause in Paris, als du mir erzählt hast, Du suchtest die Farbe für Deine Zeichnungen, als würdest Du einen Ton suchen, denn für Dich hat die Farbe denselben Stellenwert wie die Noten der Musik. In Deinen Notizen habe ich folgenden Satz unterstrichen: »Wie soll man das Flüstern des Windes im Kamin darstellen? Die Farbe, das Phonem der Zeichnung.« Rimbaud malte die Vokale aus, als wären es Fingerabdrücke. *La quantité des mots est bornée; celle des accents est infinie*, schrieb Diderot im *Salon de 1767*. (Die Anzahl der Wörter ist beschränkt, die der Akzente unendlich.) An dieser Stelle spricht der Philosoph Diderot, der Autor des *Lettre sur les sourds et muets à l'usage de ceux qui parlent* (Brief über die Taubstummen zum Gebrauch für die Sprechenden). Er fügt hinzu: *L'intonation, c'est l'image même de l'âme rendue par les inflexions de la voix.* (Die Intonation ist das Abbild der Seele, wie es die Stimmintonation wiedergibt.) Und weiter: diese Intonation *est comme l'arc-en-ciel* (ist wie der Regenbogen).

Die menschliche Stimme, ein Regenbogen: eine kaum wahrnehmbare Nuance und man geht vom Grün zum Violett zum Gelb, zum Orange über. Wut, Zärtlichkeit, Angst, Melancholie, Verführung, Ironie: Die menschlichen Emotionen werden mithilfe der Stimmintonation zum Ausdruck gebracht, die Diderot mit den Farben des Regenbogens vergleicht.

Chania, 10. Juni

Lieber Valerio, morgen werde ich diese Insel verlassen. In der Taverne, wo *pendozális* gespielt wird, habe ich wie versprochen Deine Zeichnungen für Manolis zurückgelassen. Malt jedes Viereck mit einer anderen Farbe aus, und es erscheint eine neue Figur, so hieß es in der Zeitung, die ich in meiner Kindheit las. Vielleicht habe ich in diesen Tagen genau das getan. Manolis wird sie auf seine Weise ausmalen, vielleicht weiß-blau. Jeder von uns kritzelt, wie er kann.

Vor einigen Monaten habe ich mit einem jungen Astrophysiker geplaudert, der im Augenblick in Paris beim Nationalen Forschungsrat arbeitet und ein Schulkamerad meines Sohnes war. Ich habe ihn gefragt, welche Entdeckungen die experimentelle Physik in letzter Zeit gemacht hat, beziehungsweise ich habe ihn um Nachrichten aus dem Universum gebeten. Und er hat mir blauäugig geantwortet, das Universum sei endlich. Ich habe ihn vorsichtig gefragt, in welcher Hinsicht. Insofern, als inzwischen als geklärt gilt, dass es eine sich ausdehnende Energiemasse ist, hat er seelenruhig geantwortet, also ist es endlich. Und wohin bitte dehnt es sich aus?, habe ich erwidert. Ins Nichts, hat er geantwortet, als wäre das das Selbstverständlichste von der Welt. Und was ist das Nichts?, habe ich hartnäckig gefragt. Ganz einfach, hat der lässige Wissenschaftler geantwortet, das Nichts ist dort, wo es keine Energie gibt, das Nichts ist die Abwesenheit von Energie.

Lieber Valerio, ich glaube, man sollte dem menschlichen Geist einen Preis verleihen, weil es ihm gelungen ist, sich das Unendliche vorzustellen, ein Begriff, der offenbar nur im menschlichen Geist existiert. Ich muss Dir gestehen, dass ich nach einem kurzen Augenblick der Enttäuschung stolz darauf war, zum sogenannten Homo sapiens zu gehören, dem es gelungen ist, sich etwas auszudenken, das es in der Natur gar nicht gibt. Und die Künstler haben im Lauf der Jahrtausende einen nicht unwesentlichen Beitrag zu dieser Idee geleistet. Doch bevor ich abreise, hinterlasse ich die Seiten einer hypothetischen Erzählung, die sich noch ganz im Werden befindet, ein bescheidenes *work in progress* ist, das sich in Richtung eines Unendlichen ausdehnt, das ganz unsrig ist, ein armes Taschen-Unendliches, extra gemacht für jemanden, der an seiner Überzeugung festhalten will, dass es da draußen das Nichts gibt, dass aber das Unendliche in uns weiterhin existiert.

Dieser Erzählung mit beschränkter Ausdehnung ist der *Genius Loci* nicht fremd, den man immer respektieren sollte. Und auch Deine Bilder sind ihr nicht fremd, vor allem nicht der Umriss mit Sinopia, der, wie Du weißt, wie viele andere dafür gemacht ist, mit Farben gefüllt zu werden. Ich habe meiner kurzen Erzählung spontan den Titel »Die Kopfschmerzen des Minotaurus«[1] gegeben. Morgen vor der Abreise werde ich sie Dir abschreiben.

---

1   Die Kopfschmerzen des Minotaurs, S. 117

PARISER CAFÉS

Vincenzo Nisivoccia,
Ore 9 al Café de Flore, 2010

»Das ist nicht Verlaine.«

Dieses Buch könnte mit dem Satz beginnen, den Magritte auf das Bild mit der berühmten Pfeife geschrieben hat (*Ceci n'est pas une pipe*), womit er den Zweifel gesät hat, dass sich unter der Gestalt einer harmlosen Pfeife etwas anderes verbirgt. Die Realität ist nämlich nicht immer das, als was sie erscheint. Tatsächlich ist der unbekannte Herr, den Vincenzo Nisivoccia sorgfältig mit Bleistift gezeichnet hat, nicht Verlaine, er kann es gar nicht sein. Er ist sein »Doppelgänger«, ein Gast in einem Pariser Café, dem Verlaine sein Äußeres geliehen hat. Warum? Geheimnis. Vielleicht hat die *République Française*, die ja stolz auf ihren Ruhm als literarische Nation ist, eine Marketingstrategie entwickelt, um ihr kulturelles Erbe auszustellen: Laufen vielleicht Schauspieler im Auftrag der Tourismusbehörde rum?

Vincenzo Nisivoccias Buch musste in Paris entstehen, das ist ganz klar. Und in einem Café. Das ist ebenfalls ein heiliger Ort, der in Italien vom Aussterben bedroht ist (oder bereits ausgestorben ist) und der in Frankreich heroischen Widerstand leistet, die letzte Bastion einer edlen europäischen Tradition: ein Ort der Begegnung, des Gesprächs, der Geselligkeit.

Paris, die Pariser Cafés, die Terrassen der Pariser Cafés. Sie sind zu einem Symbol Frankreichs geworden, wie das Croissant neben der Kaffeetasse auf dem runden Tisch, die Austern, die *soupe à l'oignon*. Berühmt sind die beiden großen Pariser Cafés, das *Flore* und das *Les deux Magots*, an dessen Wänden die Fotos der Schriftsteller und Intellektuellen hängen, die hier Stammgäste waren: Jean-Paul Sartre, Simone de Beauvoir, Boris

Vian, Louis Aragon und Elsa Triolet, die Surrealisten, Picasso, Jacques Prévert. Sogar heute noch treffen sich hier die Pariser Intellektuellen, oft in »Uniform«: abgewetztes Sakko, häufig roter Schal, Cordhose: Intellektuelle, die man in Italien als *la gauche caviar* – als Kaviarlinke – bezeichnet. Ich glaube jedoch, dass sie kaum Kaviar essen; in einer Welt, in der immer weniger gelesen wird, nagen auch die Intellektuellen in Frankreich am Hungertuch; sie trinken bloß einen Kaffee wie alle anderen Sterblichen auch, ein Kaffee ist in diesen Cafés ohnehin so teuer wie Kaviar, doch anders als in Italien darf man dabei am Tisch sitzen. In diesen Lokalen kann man *ausschließlich* am Tisch sitzen.

Doch um die malerische Pariser Fauna zu beobachten, muss man gar nicht ins Café gehen: unterschiedliche Gesichter mit interessantem Ausdruck, bei deren Anblick man aufatmet und denkt, die Welt bestehe doch nicht nur aus beschränkten Gesichtern mit starrem Blick, einem vom Fernsehen verdummten Blick, wie in Italien fast überall zu beobachten.

Vincenzo Nisivoccia ist der Maler dieser so lebendigen und nicht homogenisierten, ausdrucksstarken Menschenfauna, bei deren Anblick man das Gefühl hat, dass der Mensch sich doch nicht zum Primaten zurückentwickelt. Sein Strich ist minimalistisch, extrem nüchtern, hin und wieder sieht man nur einen Teil des Gesichts, als ob der andere nicht wichtig wäre, weil das Wesentliche schon gezeigt ist. Und das Wesentliche ist der Charakter. Wenn man diese Gesichter sieht, ist es, als würde man *Les Caractères* von La Bruyère lesen: der melancholische Alte, die schon etwas verwelkte, aber noch hoffnungsfrohe Dame, der Dichter, der Denker, der Vagabund, der Tagedieb, der Schönling, der Möchtegernphilosoph. Doch sie sind echt und lebendig, und es macht Spaß, sie zu beobachten, wir haben dabei das Gefühl, die Welt sei noch menschlich und bestehe nicht aus Robotern, die den Gesetzen der Massengesellschaft gehorchen.

Ich frage mich, ob man den Autor dieser Porträts nicht nur als Maler, sondern auch als Anthropologen oder Psychoanalytiker bezeichnen könnte. Ich glaube, sowohl das eine als auch das andere, denn die Künstler haben das Privileg, uns den Spiegel vorzuhalten und unser Bild wiederzugeben.

FÜR EINEN KATALOG,
DEN ES NICHT GIBT

Bartolomeu Cid dos Santos, *Paisagem*, o. D.

Bartolomeu Cid dos Santos ritzte imaginäre Karten auf der Platte ein, dann schmierte er eine sepiafarbene Tinte über die Platte,
aus der Druckerpresse kamen Drucke, die aussahen wie Daguer-
reotypien, die in einer Epoche außerhalb der Zeit und an einem
Ort außerhalb des Raums entstanden waren; hin und wieder
fiel ein Schatten auf die Karten, eine Gestalt mit Hut, die an Fernando Pessoa erinnerte, dann wieder tauchte ein Labyrinth
auf, ein perspektivisch gezeichneter Korridor mit ausladenden
Bögen, der einen dorthin führte, wohin einen die Vorstellung
trug; aber auch gotisch anmutende Schlösser, mit einer Kugel
wie aus einer anderen Geometrie, die an Pascals Kugel erinnerte, weil man verstand, dass sie keinen Mittelpunkt hatte, und
doch war sie da, und ihr Umfang war überall.

Und dann zeichnete er Blumen oder Blumen-Attrappen, ein
wenig in der Art von Beardsley, blumige Blumen, sofern man
das so sagen kann. Nach 1974, nach der sogenannten Nelken-
revolution, als Portugal wieder demokratisch wurde, waren es
vor allem Nelken, als ob die Nelke nicht nur eine Blume wäre,
sondern eine universale Blumenkrone, eine Barriere gegen die
Rückkehr jedes Faschismus.

Aber ich hatte Bartolomeu viel früher kennengelernt, bevor
die Nelke eine Bedeutung in seiner Malerei und in der Geschichte seines Landes annahm. Es musste so um 1970 gewesen sein, und die Begegnung fand in der Familie statt, denn unsere Familien waren entfernt miteinander verwandt. Und das
ging über das hinaus, was er zeichnete, und über das Interesse,
das ich für seine Zeichnungen empfand. Damals unterrichtete
er schon seit vielen Jahren *Grafic Arts* an der *Slade School of Fine*

Art in London, im Sommer kam er nach Lissabon, aber er wohnte in Sintra, einem kleinen mittelalterlichen Städtchen auf den Hügeln in der Nähe Lissabons, das auch Byron und Shelley geliebt hatten. Und in diesem alten Haus voller Bücher, Kunstgegenstände, Bilder, dessen Keller so kalt war, dass man einen Pullover anziehen musste, wenn man hinunterging, trafen wir uns später noch oft, vor allem nach dem Sieg der Nelken. In großen, mit Bändern verschlossenen Mappen hatte Bartolomeu einige Drucke mitgenommen, die er im Winter in England angefertigt hatte, er bewahrte sie in einem großen fächerförmigen Zeitungsständer aus Messing auf, der früher einmal ein Ofenschirm gewesen war, und blätterte sie vor seinen Freunden durch: Gefällt dir dieser Don Quijote auf einer fossilen Rosinante? Dann nimm ihn. Gefällt dir diese Karte des Begehrens? Dann nimm sie.

*

Das Leben ist seltsam, es besteht aus Zufällen. Eines Tages erhielt ich aus London einige Exemplare meines ins Englische übersetzten Romans *Requiem*. In dem Paket war auch ein Brief des Verlegers, der mehr oder weniger so lautete: »Ich hoffe, Ihnen gefällt das Bild auf dem Cover, bei dem Sie uns freie Hand gelassen haben. Es ist eine Radierung eines in London lebenden portugiesischen Künstlers, der für sein grafisches Werk und seine Malerei sehr geschätzt wird; er malt oft imaginäre Karten, die an die Werke der alten portugiesischen Kartografen erinnern, mit dem Schatten, wenn nicht gar dem Gespenst eines großen Dichters, der auch in Ihrem Roman vorkommt.«

Ein paar Tage später rief mich Bartolomeu an. »Ein englischer Verleger hat mich gebeten, eine meiner Radierungen für das Cover eines Romans eines italienischen Schriftstellers verwenden zu dürfen, der in Lissabon spielt. Ich wusste nicht, dass Du der Schriftsteller bist, ich habe es erst gestern erfahren, als ich das Buch bekommen habe.«

✳

Im August feierte Bartolomeu in seinem alten Haus in Sintra Geburtstag. Das Mittagessen fand um zwei Uhr nachmittags statt, in einem riesigen Zimmer mit Gewölbedecke, das wie eine Terrasse auf den alten Paço Real blickte: ungefähr sechzig Gäste, manchmal sogar mehr, Bartolomeus Freunde, die Utopisten der alten und die der neuen Garde: der harte Kern und die skeptischen Linksutopisten. Man aß an Holztischen und saß auf Klosterbänken, die Küche war maghrebinisch und orientalisch beeinflusst, Couscous, Curry, Tajines, dazu Salat aus den Gärten von Sintra. Köchin war Fernanda, Bartolomeus Freundin, eine Simultandolmetscherin, kaum jemand kannte sich bei Kino und Küche anderer Länder so gut aus wie sie.

Zu Weihnachten schickte Bartolomeu seinen Freunden eine kleine Lithografie. In letzter Zeit waren die Nelken von Panzern, Bomben und kleinen Clownsfiguren mit Bischofsmütze abgelöst worden, am Horizont sah man das Profil von Minaretten, und die Clowns erinnerten entfernt an den Präsidenten der USA.

Aber die Karten des Begehrens auf den großen Drucken waren nach wie vor störrisch, und auch die Kugel, deren Umfang überall und deren Mittelpunkt nirgendwo war. In Wirklichkeit sind Utopien zerbrechlich, aber wenn sie zu Kunst werden, fürchten sie nicht die Zeit, gewinnen eine Form von Ewigkeit und eine Schönheit, die die Moden und den Wind, der sie herangeweht, nicht fürchtet. Das gilt auch für das Werk von Bartolomeu Cid dos Santos.

Diesen Text hätte ich gern für einen Ausstellungskatalog von Bartolomeu geschrieben. Aber wie man weiß, ist der Tod manchmal, fast immer, flinker als wir.

ANMERKUNG
DER HERAUSGEBERIN

Bilder (und manchmal auch Fotos) tauchen in Antonio Tabucchis Prosa immer wieder auf und spielen in seinen berühmtesten Texten manchmal sogar eine tragende Rolle: Man denke an Velázquez' *Las Meninas* in *Das Umkehrspiel*, an Boschs *Die Versuchungen des heiligen Antonius* in *Die Vögel des Beato Angelico*.[1] Aber Bilder stellen für Tabucchi auch eine direkte Inspirationsquelle dar. In *Geschichten zu Bildern* sind Prosatexte versammelt, die ausgehend von einem Gemälde, einem Fotos oder einer Skulptur entstanden sind. Anhand dieser Texte sind auch Vorlieben, Freundschaften und Künstlerfreundschaften erkennbar. Tabucchi scheint die figurative Kunst zu bevorzugen, also Künstler, die ebenfalls »erzählen«, allerdings sind einige außergewöhnliche Texte auch ausgehend von abstrakten oder konzeptuellen Werken entstanden. Drei Namen tauchen immer wieder auf, sie belegen eine Ähnlichkeit im Fühlen und Denken: Valerio Adami, Davide Benati, Tullio Pericoli. Doch Tabucchis Blick beschränkt sich nicht auf die italienische Malerei, sondern schweift über einen größeren Horizont, von Portugal nach Griechenland, von Asien bis nach Amerika.

Hier sind zahlreiche unveröffentlichte Texte versammelt: viele, die bereits in Katalogen oder anderswo erschienen sind, wurden vom Autor für diesen Band leicht abgeändert oder umgeschrieben. In den Anmerkungen habe ich der philologischen Genauigkeit zuliebe den Erscheinungsort des Originaltexts an-

---

1 Bezüglich einer ausführlichen Analyse der Bilder und Fotos in Tabucchis Prosa verweise ich auf meinen Essay, *Album Tabucchi, L'immagine nelle opere di Antonio Tabucchi*, Sellerio, Palermo 2011.

gemerkt. Um den Anmerkungsapparat schlank zu halten, habe ich allerdings darauf verzichtet, die zahlreichen Übersetzungen der jeweiligen Texte zu erwähnen.

Thea Rimini

»Mit besten Grüßen«. Erschienen in: Tullio Pericoli, *Tanti saluti*, Archinto, Mailand 1988, 2009.

»Flammen«. Erschienen in: Davide Benati, *Davide Benati*, Katalog, Galleria Civica, Modena 1989.

»Regnerischer Abend an einem holländischen Deich«. Erschienen in: José Barrias, *Tempo*, Katalog, Colpo di fulmine, Verona 1992.

»Bernardo Soares' Urlaub«. Erschienen in: *Le vacanze di Bernardo Soares. Un Racconto di Antonio Tabucchi per tre acqueforti di Giuseppe Modica*, Galleria Sciardelli, Mailand 1993.

»Weit weg«. Unveröffentlicht.

»Der Maler und seine Geschöpfe«. Erschienen in: Giancarlo Savino, *Frame café*, Electa, Napoli 1994.

»Ein Fenster zum Unbekannten«. Unveröffentlicht.

»Erzählung des Menschen aus Papier«. Ursprünglich erschienen auf Französisch unter dem Titel *Récit de l'homme de papier*, in der Übersetzung von Bernard Comment. In: Antonio Seguí, *Œvres sur papier*, Katalog, Centre Pompidou, Paris 2005.

Der Originaltext ist mit einer Fußnote versehen: »Die ersten Worte der jeweiligen Kapitel stammen von Mário de Sá-Carneiro (1), Jorge Luis Borges (2, 9, 11), Wisława Szymborska (3, 4, 5), dem Buch Kohelet (6, 7, 10), Rainer Maria Rilke (8). Auch der Schlusssatz stammt aus einer Erzählung von Borges.«

»Träumen mit Dacosta«. Erschienen auf Portugiesisch unter dem Titel *Sonhando com Dacosta*. In: *António Dacosta*, Katalog, Quetzal/Galeria 111, Lissabon 1995.

Der Originaltext ist mit einer Fußnote versehen: »In diesem Text werden die folgenden Gemälde von António Dacosta erwähnt: *A flor, a máscara e eu adolescente, Dois limões em férias, La religieuse portugaise, Coração, Três corações à moda do Minho, A árvore dos corações, Açoriana, A caça ao anjo, Fonte de Sintra, Duas sereias à boca de uma gruta, Duas sereias a sol na praia,*

Paisagem da Terceira, Melancolia, O filósofo, Serenata açoriana. Dieser Traum mit offenen Augen wurde in den Monaten Juli, August und September 1993 geträumt. Zum Teil in Portugal unter einem Maulbeerbaum, im Haus meiner Freunde Isabel Avillez und Francisco Menezes, und zum Teil bei mir zu Hause in Vecchiano. Dieser Text ist vor allem Miriam Dacosta und meinen Freunden Helmut und Alice Wohl gewidmet, bei denen ich António Dacosta kennengelernt habe. Und schließlich José Cardoso Pires und Júlio Pomar, die António Dacosta vor mir kennengelernt haben.

Erwähnen möchte ich auch noch Nadine Trintignant, Alain Corneau, Matilde und José Moreira Rato, zur Erinnerung an eine Reise, auf der ich begann, mir den Traum António Dacostas vorzustellen.«

»Auf der Möbiusstraße«. Unveröffentlicht.

»Eine unvergessliche Nacht«. Erschienen in: Paula Rego und Antonio Tabucchi, *Fogo. Fuoco. Fire,* Galeria Ratton, Lissabon 2003.

Dieser Text stellt eine Ausnahme dar: Nicht Tabucchi hat über ein Gemälde geschrieben, sondern eine Malerin hat sich von seinem Text inspirieren lassen. Der damals noch unveröffentlichte Ausschnitt aus *Tristano stirbt* (München 2004, S. 20 ff.) hat Paula Rego zu dem hier wiedergegebenen *Azulejo* inspiriert.

»Stillgestanden, wachen Sie ja nicht auf« stammt aus der Erzählung »Bukarest hat sich überhaupt nicht verändert«, in: *Die Zeit altert schnell*, München 2009, S. 135 ff.

Ich habe jenen Teil exzerpiert, in dem es um den Traum des Protagonisten geht, denn die Traumszene ist dem dem Text vorangestellten Foto von Münir Göle nachempfunden. In der Nachbemerkung zu *Die Zeit altert schnell* wird M. Göle ausdrücklich erwähnt: »›Bukarest hat sich überhaupt nicht verändert‹ ist Alon Altares gewidmet und verdankt ihre Existenz einem Foto von Münir Göle.«

»Ein wiedergefundener Brief«. Erschienen auf Spanisch unter dem Titel *Una carta hallada*, übersetzt von Carlos Gumpert. In: Fotografía, El Equilibrista, Mexiko-Stadt 2005.

»Doppeltes Rätsel«. Erschienen in: Alberto Magnelli, *Pierres*, Katalog, Galerie Di Meo, Paris 2009.

»Die Kopfschmerzen des Minotaurus«. In: Valerio Adami, *Valerio Adami. Opere 1990–2000*, Katalog, Skira, Mailand 2000.

Der Originaltext besteht aus zwei Teilen: »Kretisches Tagebuch mit Sinopia« und der Erzählung »Die Kopfschmerzen des Minotaurus«, die in diesem Band getrennt abgedruckt sind. In der originalen Ausgabe des Verlags Skira trägt die Erzählung einen Untertitel (»Erzählung mit beschränkter Ausdehnung«), ist mit Ort und Datum der Entstehung ver-

sehen, allerdings ohne Angabe des Jahres (*Chania, Hotel Doma, 11. Juni*).
Dem Text ist ein Postskriptum angefügt: »Lieber Valerio, meine kurze
Erzählung mit beschränkter Ausdehnung endet fürs Erste hier. Aber eines
ist gewiss: Dädalus wollte das Leiden des Minotaurus lindern und ließ ihn
aus dem Labyrinth entweichen. Man weiß nicht, wie ihm das gelungen
ist. Bei dem Versuch, es herauszufinden, machen wir, was wir Tag für Tag
tun: Wir arbeiten mit Linien, Farben, Worten.«

»Ein Winternachtstraum«. Erschienen in: *Davide Benati*, Silvana Editoriale,
Mailand 2001. Der Originaltext ist mit folgender Fußnote versehen:
»Dieser Text entstand im Winter 2001 in Miscianello, in der Nähe von
Siena. Die darin verwendeten Haikus stammen aus den Schulen von
Basho, Tairo, Buson, Kyoroku. Die beliebig aufgezählten Landschaften
sind die Hügel des Chianti und die Hügel auf den Gemälden Davide
Benatis, beide schneebedeckt und im Abendlicht.«

»Die Erben danken«. Ursprünglich erschienen auf Portugiesisch unter dem
Titel *Os herdeiros de Maria Helena Vieira da Silva agradecem*, in der Übersetzung von Gaëtan Martins de Oliveira. In: *Vieira da Silva nas coleções
internacionais: em busca do essencial*, Katalog, Assírio & Alvim / Fundação
Arpad Szenes-Vieira da Silva, Lissabon 2004.

»Eine schwierige Entscheidung«. Erschienen in: Josè de Guimarães, *Salon de
l'automobile de José de Guimarães*, Katalog, Galleria Naviglio, Mailand 1987.

»Die Frau-mit-Hut«. Katalogtext für die ethnologische Ausstellung (Benaki-
Museum, Athen im April 2010) der Sammlung traditioneller asiatischer
Kopfbedeckungen von Ioanna Koutsoudaki.

»Ein *curandeiro* in der Stadt auf dem Wasser«. Erschienen in: Júlio Pomar,
A *Comédia Humana*, Katalog, Centro Cultural de Belém, Lissabon 2004.
Vor der Veröffentlichung von *Geschichten zu Bildern* hat der Autor folgende
Fußnote eingefügt: »Der Hauptteil dieses Textes besteht aus einem
Albtraum, der bereits an anderer Stelle erzählt und kommentiert wurde
(auch Albträume haben eine Quelle). Ich erwähne sie hier, um den nach
Quellen dürstenden Leser zufriedenzustellen (siehe weiter unten). Die
Verbindung dieser Albträume mit den Gemälden Júlio Pomars wurde mir
von meiner persönlichen Interpretation von Lewis Carrolls *Snark* nahe-
gelegt. Heute, wie in den schlimmsten Zeiten der Geschichte, treibt sich
das Snarkhafte in der Welt herum, und Pomars Malerei bringt – genauso
wie die Goyas – eine anarchische und »unzivilisierte« Welt zum Ausdruck. Der ewige und nicht abzuschaffende *Snark* ist hier das Widerliche
in seiner Reinform.«
Der Hauptteil des Traumes findet – etwas abgeändert – bereits in einem
Artikel mit dem Titel *Ho paura di sognare* Erwähnung, der am 8. Dezember

2001 in »l'Unità« erschienen und später in den Band *L'oca al passo* (Feltri-
nelli, Mailand 2006) aufgenommen worden ist. Der Originaltext ist mit
folgender Fußnote versehen: »Diese Erzählung verdankt sich vielen Inspi-
rationen: unter anderem ›Hexensabbat‹ des Historikers Carlo Ginzburg
(Berlin, 1990); einer Sendung von Rai 2 über den italienischen Orthopäden
Alberto Cairo, der seit Jahren in Kabul operiert und bis jetzt vierzig-
tausend bein- und armamputierte Afghanen mit Prothesen versorgt hat;
der von Giuliano Ferrara, dem Chefredakteur der Zeitung *Il Foglio*,
organisierten und von der Rai übertragenen Demonstration gegen die
Bombardierung Afghanistans; verschiedenen TV-Nachrichten und
Reportagen über Afghanistan, Irak, Palästina, die von verschiedenen
Sendern und vor allem von Mediaset und CNN übertragen wurden; der
in verschiedenen Zeitungen und Zeitschriften kolportierten Nachricht
über die ›demokratische‹ Folter des amerikanischen Heeres im Irak;
der Erinnerung an gewisse Gemälde Goyas im Prado wie *Desastres de
la Guerra* und *Los Caprichos*; und natürlich einigen dort ausgestellten
Werken von Júlio Pomar. Vor allem aber liegt der Erzählung die Überzeugung zugrunde, dass nur die großen Künstler, denen es gelungen ist,
den Wahnsinn der Welt darzustellen, die Kraft besitzen, die Welt vor
ebendiesem Wahnsinn zu schützen. Dieser Text wurde auf Portugiesisch
geschrieben, mit Ausnahme des Traums, der im Original italienisch ist.«

»**Doktor Pereira ist da**«. Unveröffentlicht.

»**Der unbewegliche Reisende**«. Unveröffentlicht. Er ersetzt den Originaltext
aus dem Ausstellungskatalog von Antonio Costa Pinheiro, *O poeta
Fernando Pessoa*, Fundação Calouste Gulbenkian, Lissabon 1981.

»**Porträts von Stevenson**«. Erschienen in: *Il corriere della Sera*, 24. Dezember
1997, unter dem Redaktionstitel *Via col vento sui mari di Stevenson*.

»**Geografien**«. Unveröffentlicht.

»**Gewürze, Spitzen, ferne Reisen**«. Erschienen in: Piero Pizzi Cannella,
Pizzi cannella, Katalog, Galleria Alessandro Bagnai, Siena 1999. (Original-
titel: *Corrispondenze, Lettera a Piero Pizzi Cannella*)

»**Liebe Mauer, ich schreibe Dir …**«. Erschienen in: *l'Espresso*, 14. September
1986.

»**Kretisches Tagebuch mit Sinopia**«. Siehe Anmerkung zu »Die Kopfschmerzen des Minotaurus«.

»**Pariser Cafés**«. Erschienen in: Vincenzo Nisivoccia, *Un caffè a Saint Germain*,
Archinto, Mailand 2011.

»**Für einen Katalog, den es nicht gibt**«. Unveröffentlicht.

DIE KÜNSTLERINNEN UND KÜNSTLER
IN DIESEM BUCH

Valerio Adami
> S. 6: *Ritratto di Antonio Tabucchi*, 2000 © Valerio Adami
>
> S. 117: *Le minotaure*, 1996 © Valerio Adami
>
> S. 215: *L'ora del sonno del fanciullo* (Holbein), Detail, 1993 © Valerio Adami

José Barrias
> S. 27: *TEMPO*, 1992 © José Barrias

Hippolyte Bayard
> S. 103: *Autoportrait en noyé*, ca. 1840

Davide Benati
> S. 21: *Fiamme*, 1988, Aquarell auf Leinwand, 120 × 120 cm © Davide Benati
>
> S. 123: *Neve a sera*, 2000, Öl, Aquarell auf Leinwand, 180 × 180 cm
> © Davide Benati

Bartolomeu Cid dos Santos
> S. 235: *Paisagem*, o. D.

António Costa Pinheiro
> S. 181: *Fernando Pessoa Ele-Mesmo*, 1976, Ölbild, 145 × 145 cm
> © António Costa Pinheiro

António Dacosta
> S. 73: *A caça ao anjo*, 1984, Acryl auf Leinwand, 130 × 168 cm © António Dacosta

Münir Göle
> S. 99: *Ohne Titel*, 2007, Fotografie © Münir Göle

José de Guimarães
> S. 149: *Femme-automobile*, 1987 © José de Guimarães

Ioanna Koutsoudaki
> S. 153: Asiatischer Hut aus der Sammlung von Ioanna Koutsoudaki

Alberto Magnelli
> S. 109: *Ohne Titel*, 1931, Tinte auf Papier © Alberto Magnelli

Giuseppe Modica
> S. 35: *La terrazza di Pessoa*, 1993, Radierung auf Zink, 30 × 40 cm
> © Giuseppe Modica

Oreste Fernando Nannetti

S. 207: Graffiti auf der Mauer des Irrenhauses in Volterra von Oreste Fernando Nannetti, 1961–1972

Vincenzo Nisivoccia

S. 229: *Ore 9 al Café de Flore*, 2010, Bleistift auf Papier, 330 × 240 cm © Vincenzo Nisivoccia

Tullio Pericoli

S. 11: *Cartolina da Firenze*, 1983, Aquarell und Tinte auf Papier © Tullio Pericoli

S. 187: *Robert Louis Stevenson*, 1986, Aquarell und Tinte auf Papier © Tullio Pericoli

Piero Pizzi Cannella

S. 41: *Lontano*, 2001, unterschiedliche Techniken auf Leinwand, 220 × 360 cm © Archivio Pizzi Cannella

S. 199: *Ohne Titel*, Indiana, 1998–1999, Öl auf Leinwand, 270 × 150 cm © Archivio Pizzi Cannella

Júlio Pomar

S. 163: *The Barrister (O Avogado)*, 1999 © Júlio Pomar

Jalal Raouf

S. 193: *Ricordi mitologici*, 2000 © Jalal Raouf

Paula Rego

S. 93: *Rosamunda*, 2003, Azulejo. Der Azulejo wurde von Ratton Cerâmicas produziert, ausgehend von einer Originalarbeit von Paula Rego. *Fire*, limited edition © Ratton Cerâmicas

Lisa Santos Silva

S. 85: *La religieuse portugaise*, Paris, 1999, Öl auf Leinwand, 130 × 97 cm © Lisa Santos Silva

Giancarlo Savino

S. 49: *Ohne Titel* (Detail), 1993 © Giancarlo Savino

Antonio Seguí

S. 61: *Ohne Titel (Historias de París)*, 2007, Kohle und Pastell auf Karton, 32,5 × 25 cm © Béatrice Hatala

Alessandro Tofanelli

S. 55: *Presto o tardi*, 2008 © Alessandro Tofanelli

Maria Helena Vieira da Silva

S. 131: *La partie d'èchec*, 1943, Öl auf Leinwand, 81 × 100 cm © bpk / CNAC-MNAM, © VG Bild-Kunst, Bonn 2019

Giancarlo Vitali

S. 177: *Ritratto di Pereira*, 1996, Radierung © Giancarlo Vitali

INHALT

Kleine Arien